images

DEUX

LECTURES FACILES

JEAN-PAUL VALETTE ✦ REBECCA M. VALETTE ✦ MARIE-CLAIRE ANTOINE

McDougal Littell
A HOUGHTON MIFFLIN COMPANY
Evanston, Illinois • Boston • Dallas

D0791316

TEACHER CONSULTANTS

Susan Arandjelovic
Dobson High School
Mesa, AZ

William Price
Day Junior High School
Newton, MA

T. Jeffrey Richards
Roosevelt High School
Sioux Falls, SD

CREDITS

Front cover: J. M. Truchet/Tony Stone Images, Inc.
The Louvre, Paris, France.

Paul Harris/Tony Stone Images, Inc.
(left inset) Phuoc An Hoi Quan pagoda, Vietnam

M. Ascani/Liaison International
(right inset) Touareg nomads, Niger

Back cover: J. M. Truchet/Tony Stone Images, Inc.

Copyright © 1999 by McDougal Littell Inc. All rights reserved.

No part of this work may be reproduced or transmitted in any form by any
means, electronic or mechanical, including photocopying and recording, or
by any information storage or retrieval system without prior written permission
of McDougal Littell Inc., unless such copying is expressly permitted by federal
copyright law. Address inquiries to Manager, Rights and Permissions,
McDougal Littell Inc., P.O. Box 1667, Evanston, IL 60204.

Printed in the United States of America.

International Standard Book Number: 0-669-43524-4

6 7 8 9 -MAM- 03 02

TABLE DES MATIÈRES

CONTES DU MONDE FRANCOPHONE

TO THE TEACHER

IMAGES, a series of three readers, helps students acquire better reading skills, expand their vocabulary base, and gain knowledge and understanding of the culture of France and the francophone world. Each *Lecture,* with its accompanying activities and culture notes, is part of a carefully planned progression covering a wide variety of topics and formats to maintain student interest.

GENERAL ORGANIZATION OF IMAGES 2

IMAGES 2 contains sixteen high-interest reading selections. Each reading begins with a pre-reading section and is followed by a post-reading section that includes comprehension questions, critical thinking questions, vocabulary, personalized activities, skill-building activities, games, projects, and a culture note. The last two readings, found in the **Contes du monde francophone** section, are longer and more challenging selections of folktales and legends. These readings include additional **Mots utiles** and **Comprenez-vous?** sections. The Answer Key and French-English Vocabulary can be found on pages 138 - 153. Readings may be presented in class or assigned as homework.

DESCRIPTION OF ACTIVITIES

IMAGES 2 contains a wide variety of pre- and post-reading activities that encourage student participation and provide material for varied learning styles.

Avant de lire

This pre-reading section is comprised of the following:

- **Stratégies de lecture**—Simple hints for developing good reading skills.
- **À vous**—Multiple choice and true/false questions for activating prior knowledge and engaging students in the reading by expressing their personal opinions.
- **Vocabulaire**—A short series of new words presented in context. Definitions are in French to increase students' comprehension of language in longer sentence format.

Après la lecture

This post-reading section provides supplementary instructional materials, comprehension checks, vocabulary presentations, skill-building activities, projects, pair/group activities, open-ended activities, and culture notes, as follows:

- **Avez-vous compris?**–Comprehension questions in short-answer, true/false, and multiple-choice formats.
- **Expérience personnelle**–Critical-thinking questions to encourage students to analyze the reading and relate it to their own experiences, using graphic organizers such as Webs and Venn diagrams.
- **Enrichissez votre vocabulaire**–Additional topical vocabulary, word families, and idiomatic expressions to help students expand the theme of the reading.
- **À votre tour**–Short hands-on or research projects to give students the opportunity to expand their knowledge of the reading and vocabulary material.
- **Expression personnelle**–Pair or group activities using graphic organizers to compare and contrast the cultural information from the reading so that students can relate it to their own cultural experiences.
- **Notes culturelles**–Brief cultural expansion notes that relate to the theme of the reading and expand students' cultural awareness of the French-speaking world.

TEACHING WITH IMAGES 2

Remind students to use the reading skills they learned in **IMAGES 1**. Focus on the **Stratégies de lecture** to prepare for each selection. Inference from context, cognate recognition, and noting the similarities of root words will help students to guess the meaning of new words and to avoid translation. While multiple readings of each selection are still important, students at this level should be encouraged to attain reading fluency. Concentrating on the message and reading for pleasure will help students improve the receptive skill of reading and the productive skill of writing. You might also read selections aloud to the class for additional listening practice, or have students record sections of the readings as part of their oral portfolios.

Encourage students to look carefully at the photographs, drawings, and maps in each section. They will absorb cultural context as they become increasingly familiar with scenes and people across the French-speaking world. You may wish to point out the work of the three well-known French and Canadian illustrators featured in the text, **Véronique Deiss** (France), **Jean-Louis Besson** (France), and **Michel Garneau** (Canada), who provide a light, amusing view of francophone culture. Their illustrations are an important part of the complete cultural context that underlies the learning experience offered by **IMAGES**.

The goals of **IMAGES 2** are to develop fluency in reading, to build vocabulary, and to encourage extended reading practice through a variety of high-interest topics. Students using **IMAGES 2** will be expanding their communication and culture skills while having fun!

Lecture		*Objectifs linguistiques*
Lecture 1	**La rentrée: Conversations d'automne**	Les adjectifs possessifs; le passé composé
Lecture 2	**Les records des animaux**	Le superlatif; la mesure
Lecture 3	**Les gestes parlent!**	Les expressions avec **avoir; vouloir** + infinitif
Lecture 4	**France/USA: le match des traditions**	**Visiter** vs. **rendre visite**; le verbe **marcher**
Lecture 5	**Lascaux: Un trésor historique**	Le présent historique; les adverbes de temps
Lecture 6	**Êtes-vous un cadet du cyberespace?**	Les objets directs et indirects; le vocabulaire de la technologie
Lecture 7	**Deux champions nord-africains**	Le passé composé; le verbe **courir**
Lecture 8	**La pomme de terre: Un produit miracle!**	L'usage de l'impératif pour les instructions; la préposition **y**
Lecture 9	**Êtes-vous vert?**	**Il faut/il ne faut pas**
Lecture 10	**Les musées virtuels de Paris**	Le verbe **peindre**
Lecture 11	**Jean Laffite, patriote...et pirate!**	Les verbes suivis des prépositions **à** et **de**
Lecture 12	**Promenade musicale en francophonie**	Les adjectifs de nationalité; le vocabulaire de la musique
Lecture 13	**Le Retour de Buffalo Bill**	Les prépositions avec les pays, les continents, les états
Lecture 14	**Les docteurs de l'humanité**	**Pour** + infinitif; les expressions idiomatiques de la santé; le vocabulaire des carrières médicales
Lecture 15	**Trois contes du Niger**	Les verbes réfléchis; le futur
Lecture 16	**Le roi d'Au Lac**	Le verbe **conquérir**; les participes passés comme adjectifs

To the Student

Now that you have more experience in reading and understanding French, you will be able to develop your reading and writing skills even further using the selections in **IMAGES 2**. Reading for pleasure helps you to relax and read longer texts fluently instead of concentrating on the meaning of individual words and sentences. Reading for information helps you expand your knowledge about France and the French-speaking world. Using your problem-solving and critical thinking skills will involve you in the content of each selection and encourage you to read easily in French.

Here are a few hints to help you build your advanced reading skills:

- Remember to look for **cognates** as you skim a new reading selection.

- Use the title, illustrations, and subheadings as clues to the subject.

- Beware of **faux amis** (false cognates), such as:

attendre =	to wait	NOT	to attend	**(assister à)**
assister (à) =	to attend	NOT	to assist	**(aider)**
quitter =	to leave	NOT	to quit	**(abandonner)**
rester =	to stay	NOT	to rest	**(se reposer)**

- Look for these common French prefixes to help you understand new words:

- **re-/r-** meaning AGAIN, BACK, AWAY, OVER

revenir	**(re-**	**+**	**venir)**	to come back
refaire	**(re-**	**+**	**faire)**	to do over, redo
renvoyer	**(r-**	**+**	**envoyer)**	to send away, fire

- **in-/im-** meaning NOT, corresponding to English *in-, un-, dis-, -less*

incertain	**(in-**	**+**	**certain)**	uncertain
impopulaire	**(im-**	**+**	**populaire)**	unpopular

- **dé-/d-** corresponding to English *dis-, des-*

découvrir	**(dé-**	**+**	**couvrir)**	to discover
décrire	**(d-**	**+**	**écrire)**	to describe

- **mal-** meaning EVIL, corresponding to English *un-, dis-*

malheureux	**(mal-**	**+**	**heureux)**	unfortunate, unhappy
malhonnête	**(mal-**	**+**	**honnête)**	dishonest

- **sous-/sou-** meaning UNDER, corresponding to English *sub-*

soumettre	**(sou-**	**+**	**mettre)**	to submit

Using these and other reading strategies will help you continue to build your skills and enjoy your reading **en français.**

Note: There is a map showing all the countries in the French-speaking world on pages **116–117**. You may wish to use it to locate the countries mentioned in the readings.

STRATÉGIES DE LECTURE

● Parcourez le texte et trouvez une différence entre les lycées français et les lycées américains.

● Sur une carte d'Afrique, trouvez la Côte d'Ivoire. Où est la ville de Bingerville?

À VOUS

Donnez votre opinion personnelle.

1 Les lycéens français ont un examen difficile à la fin du lycée qui s'appelle...

  a. la fnac
  b. le bac
  c. le trac

2 Les Pyrénées sont des montagnes près de...

  a. l'Italie
  b. l'Espagne
  c. l'Allemagne

3 La langue officielle de la Côte d'Ivoire est...

  a. l'espagnol
  b. le kiswahili
  c. le français

LECTURE 1

La rentrée
Conversations d'automne

Nous sommes en septembre. C'est la rentrée dans les lycées aux États-Unis, en France et en Côte d'Ivoire. En attendant[1] leurs professeurs, les élèves parlent de leurs vacances et de leurs nouveaux cours. Voici deux lycéens: un Français et une Ivoirienne. Qu'est-ce que vous avez en commun avec eux?[2]

On étudie!

VOCABULAIRE

le collégien/la collégienne Une élève qui étudie dans un collège *(junior high school)* s'appelle **une collégienne**.

le lycéen/la lycéenne Un élève qui étudie dans un lycée s'appelle **un lycéen**.

les langues vivantes Les **langues vivantes** sont des langues modernes. L'anglais, le français et l'espagnol, par exemple, sont des **langues vivantes**.

la composition La **composition** est un exercice qui consiste à écrire ce que l'on a appris *(learned)* sur un sujet.

la rédaction La **rédaction** est un exercice qui consiste à écrire un petit essai. Dans sa **rédaction**, l'élève peut exprimer ses opinions personnelles.

[1]while waiting (for)   [2]them

Le lycée Diderot
de Carvin, France

Jean-François Antoine étudie au lycée Diderot de Carvin, une ville du Nord de la France. Cette année, il entre en classe de Terminale S. En juin, il va passer[1] un examen très difficile, appelé le baccalauréat, ou le bac. Cet examen est nécessaire pour entrer à l'université. C'est une année très importante pour Jean-François.

Le lycée Ekra Mathieu
d'Agnibilékrou, Côte d'Ivoire

Partons maintenant en Afrique. Fatou Wodié est lycéenne au Lycée Ekra Mathieu, en Côte d'Ivoire. Les élèves connaissent bien les États-Unis, mais ils n'ont jamais visité ce pays. Leur secret? Une correspondance avec une école américaine commencée sur l'Internet! Dans les collèges et les lycées de la Côte d'Ivoire, les cours commencent souvent à huit heures le matin. Les collégiens finissent à trois heures de l'après-midi et les lycéens finissent à quatre heures. À dix heures du matin, les femmes du village attendent à la porte de l'école pour vendre des gâteaux aux élèves.

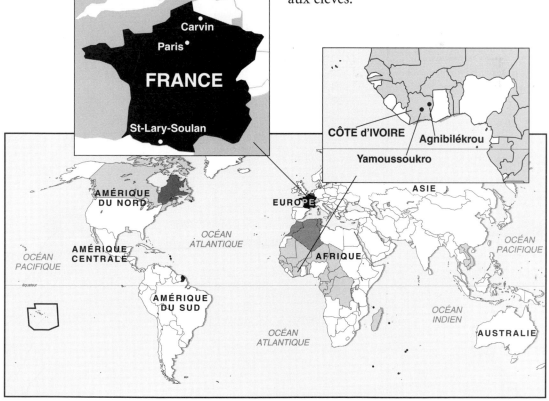

[1] will take

Les cours en France

Au lycée en France

En France, il y a trois années de lycée: la seconde, la première et la terminale. La classe de seconde est commune à tous les lycéens, mais après, il faut choisir une section particulière. La section détermine la future profession. Les trois sections sont:

LITTÉRAIRE (L)	ÉCONOMIQUE ET SOCIALE (ES)	SCIENTIFIQUE (S)
• littérature	• sciences sociales	• sciences
• art	• économie	• physique
• mathématiques	• mathématiques	• mathématiques
• langues vivantes	• langues vivantes	• chimie

Un élève qui désire devenir professeur de français, par exemple, doit choisir la section L. Jean-François étudie les sciences parce qu'il veut devenir météorologiste. Il n'a pas de cours le mercredi après-midi ni le samedi après-midi, mais il va au lycée du lundi au samedi! L'option est un cours qu'il choisit, comme une langue vivante ou les arts. En plus, il a beaucoup de devoirs et il participe à des courses de vélo!

SUJET	HEURES PAR SEMAINE
Maths	7 heures
Physique-Chimie	6 heures
Français	4 heures
Anglais	3 heures
Philosophie	3 heures
Histoire-Géographie	3 heures
Sport	2 heures
Option	1 heure

Les cours en Côte d'Ivoire

Fatou a quinze ans. Ses matières préférées sont la rédaction et l'histoire. Elle n'aime pas beaucoup les cours de grammaire, mais elle adore les cours de chant. Elle veut devenir professeur d'histoire. Comme beaucoup de ses camarades, Fatou veut aller à l'université en France ou aux États-Unis.

Les élèves ivoiriens ont beaucoup de devoirs à faire le soir. Quand ils ont le temps, ils font du sport. Beaucoup sont fans de football. Ils adorent leur équipe nationale qu'ils surnomment[1] «les éléphants.» Ils aiment aussi chanter et ils organisent des concerts à l'école.

Au lycée en Côte d'Ivoire

[1]nickname

Le vélo de Jean-François

Les vacances
de Jean-François

Jean-François parle de ses vacances. Écoutons-le.

«J'ai organisé mes vacances avec l'Internet! Un jour, je surfe sur l'Internet. Je surfe du site sur le vélo (ma passion!) au site sur les stations de ski (mon autre passion!). Je trouve une station appelée Saint-Lary-Soulan, dans les Pyrénées. Je téléphone à trois copains. Nous décidons d'aller à Saint-Lary-Soulan en vélo. La distance est de 800 kilomètres (500 miles). Nous partons le sept août. Nous roulons 100 kilomètres (62 miles) par jour! Le soir, nous campons (j'ai trouvé les campings sur l'Internet aussi). Nous visitons les grottes de Lascaux. Elles sont décorées de peintures préhistoriques extraordinaires. Le dix-sept août, nous arrivons à Saint-Lary-Soulan. Nous sommes fatigués, mais heureux.»

Les vacances de Fatou

Fatou a passé ses vacances chez sa cousine Mélanie. Écoutons-la.

«Mélanie a seize ans. Elle habite Bingerville, une ville superbe et moderne sur l'océan Atlantique. La mère de Mélanie a un maquis, un petit restaurant typique de la Côte d'Ivoire. On y vend des spécialités comme l'alloco (des bananes frites avec une sauce piquante), le poulet braisé et le choukhouya (du boeuf avec de la sauce). Ma tante m'apprend à cuisiner.

Fatou et un ami

À Bingerville, il y a des cinémas, des marchés, des musées et des discothèques. Nous avons aussi assisté[1] à un concert de Monique Séka. C'est une artiste ivoirienne. Elle chante une musique qu'on appelle l'Afro-Zouk. Un jour, on a visité Yamoussoukro, la capitale de la Côte d'Ivoire. Les grands-parents de Mélanie habitent dans cette ville. On a vu le Lac de Crocodiles Sacrés. C'est un lac artificiel où de gros crocodiles nagent. Attention à ne pas tomber dans l'eau! Je suis rentrée à Agnibilékrou le 31 août. Maintenant, je suis prête à travailler dur. Cette année est ma première année au lycée. Fini le collège!»

[1]attended

AVEZ-VOUS COMPRIS?

1. La rentrée est le jour où tous les élèves...
   a. partent en vacances
   b. retournent au lycée
   c. passent le baccalauréat

2. Au lycée, l'art fait partie de la section...
   a. Économique et Sociale (ES)
   b. Scientifique (S)
   c. Littéraire (L)

3. Les matières préférées de Fatou sont...
   a. la rédaction et l'histoire
   b. les maths et l'anglais
   c. la philosophie et la littérature

4. Un maquis est...
   a. un arbre qui se trouve en Côte d'Ivoire
   b. un petit restaurant typique de la Côte d'Ivoire
   c. une spécialité de la Côte d'Ivoire

EXPÉRIENCE PERSONNELLE

Qu'est-ce que vous faites à l'école? Et après les cours? Écrivez vos réponses selon les modèles. Donnez vos matières, vos sports et vos loisirs. Vous faites beaucoup de choses, n'est-ce pas?

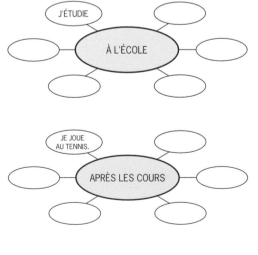

Enrichissez votre vocabulaire

Partir en vacances

les bagages (m.) *luggage*
un sac de voyage *traveling bag*

une valise *suitcase*
faire les valises *to pack*

acheter *to buy*

un billet *ticket*

d'aller simple *one-way*
d'aller et retour *roundtrip*

réserver *to reserve*
prendre *to take*

l'avion (m.)
le bateau
le train

faire un stage *to take a training course*
l'animateur/l'animatrice
activity organizer/camp counselor
une colonie de vacances *vacation camp*
un chantier *worksite*
bâtir *to build*
reconstruire *to rebuild, to reconstruct*
restaurer *to restore, to repair*

faire du camping *to camp*
faire de la natation *to swim*

les beaux-arts *fine arts*
la peinture *painting*
le dessin *drawing*
la sculpture *sculpture*

la musique *music*
le chant *singing*
la danse *dance*

faire une randonnée *to go on a hike*
faire du vélo *to bikeride*

Activité 1 AU LYCÉE

À chaque mot de la Colonne A, faites correspondre une définition de
la Colonne B.

	A		B
1.	une rédaction	a.	le premier jour d'école
2.	les langues vivantes	b.	un essai où on écrit ce que l'on a appris
3.	la rentrée	c.	un élève qui étudie dans un lycée
4.	un lycéen	d.	un essai avec des opinions personnelles
5.	une composition	e.	le français et l'espagnol, par exemple

Activité 2 QUELLE SECTION?

Vous rentrez au lycée en classe de première. Imaginez
que vous êtes français(e) et que vous choisissez votre
future profession. Pour chaque profession, donnez
la section appropriée à choisir. Pour devenir. . .

a. Littéraire (L)
b. Économique et Sociale (ES)
c. Scientifique (S)

1. astronome: section _____ .

2. psychologue: section _____ .

3. journaliste: section _____ .

4. sociologue: section _____ .

5. biologiste: section _____ .

6. professeur d'anglais: section _____ .

Activité 3 LA BONNE RÉPONSE

Choisissez la réponse correcte.

1. En Côte d'Ivoire, un plat de bananes frites avec une sauce piquante
   s'appelle _____ . (**l'alloco/le choukhouya**)

2. On peut organiser ses vacances avec _____ .
   (**la Terminale/l'Internet**)

3. Quand on visite les monuments d'une ville, on fait du _____ .
   (**tourisme/camping**)

4. La capitale de la Côte d'Ivoire s'appelle _____ .
   (**Bingerville/Yamoussoukro**)

5. La deuxième année du lycée s'appelle la _____ .
   (**première/seconde**)

6. La rentrée dans les lycées français est au mois de/d'_____ .
   (**septembre/octobre**)

Activité 4 · LETTRE DE VACANCES

Jean-François écrit une lettre à sa mère pendant qu'il est en vacances. Complétez les phrases avec le mot approprié de la liste.

heureux	kilomètres
grottes	Pyrénées
vacances	peintures
camping	

Chère Maman,
On est arrivé à Saint-Lary-Soulan. C'est une station de ski dans les __1__.
Nous sommes fatigués, mais __2__. Chaque jour on a roulé 100 __3__ et
le soir on a fait du __4__. Nous avons aussi visité les __5__ de Lascaux.
Les grottes sont décorées de __6__ extraordinaires. On passe des __7__
superbes. Et toi, comment va le travail?   *Grosses bises, Jean-François*

Activité 5 · À VOTRE TOUR

Créez une petite annonce *(small ad)* pour un site de vacances. Ça peut être un endroit où on fait du camping, du ski, etc. Décrivez les activités qu'on peut y faire. Donnez le plus d'informations possibles. Illustrez votre petite annonce.

Activité 6 · EXPRESSION PERSONNELLE

Trouvez un(e) partenaire. Choisissez un endroit en France et un endroit aux États-Unis où vous voulez tous les deux aller en vacances. Écrivez le pour et le contre de chaque endroit. Finalement, décidez où vous allez passer vos vacances et pourquoi.

Destination: Paris	
le pour	**le contre**
les cafés	*c'est cher*

Note CULTURELLE

La Côte d'Ivoire est une ancienne colonie française. Le français est la langue officielle et l'éléphant est le symbole de ce pays. Le Dioula et le Baoulé sont deux dialectes utilisés entre les ethnies. Il y a 12,5 millions d'habitants en Côte d'Ivoire, divisés en plus de 60 ethnies. Les principales ethnies sont: les Baoulés, les Krous, les Mandés, les Brignans et les Lobis.

Abidjan, une ville dynamique en Côte d'Ivoire

- Parcourez le texte à la recherche de noms d'animaux que vous reconnaissez.

- Chaque question du test que vous allez faire utilise la construction de l'adjectif au superlatif (le/la plus + adjectif).

À VOUS

Donnez votre opinion personnelle.

1 Le zèbre est un animal…
   a. d'Europe
   b. d'Australie
   c. d'Afrique

2 Les lézards adorent…
   a. le vent
   b. le soleil
   c. la neige

3 Le…est un animal d'Afrique qui est en danger d'extinction.
   a. buffle
   b. singe
   c. gorille

LECTURE 2

Les records des animaux

Les animaux du monde francophone sont des champions en toutes catégories. Quels sont leurs records? Pour le savoir, choisissez la réponse à chaque question. Quel est votre champion favori?

VOCABULAIRE

peser On **pèse** quelque chose pour déterminer son poids *(weight)*. Un éléphant est énorme: il **pèse** plus de quatre tonnes!

mesurer On peut **mesurer** la taille *(size)* d'une personne. Certains joueurs de basket **mesurent** sept pieds.

la vitesse En voiture, **la vitesse** est souvent limitée à 55 miles par heure. Plus **la vitesse** est grande, plus on avance vite.

la hauteur **La hauteur** est la dimension verticale. La Tour Eiffel a 984 pieds de **hauteur.**

la longueur **La longueur** est la dimension horizontale. Un yard est **une longueur** de trois pieds.

la tonne Une **tonne** est une mesure de poids. Il y a 2 200 livres *(pounds)* dans **une tonne.**

1. Quel est le plus gros poisson carnivore?
   a. le grand requin[1] blanc
   b. le piranha
   c. le requin tigre

2. Quel est l'animal le plus rapide?
   a. le tigre
   b. le cheval
   c. le guépard

3. Quel est l'animal le plus lent?
   a. la tortue
   b. le lézard
   c. le paresseux[2]

4. Quel est l'oiseau le plus gros?
   a. le héron
   b. l'autruche
   c. le pingouin

5. Quel est l'animal le plus haut?
   a. l'autruche
   b. le lama
   c. la girafe

6. Quel animal a la vie la plus longue?
   a. la tortue
   b. le chien
   c. le singe

7. Quel est l'animal qui crie le plus fort?
   a. le singe hurleur[3]
   b. l'éléphant
   c. le gorille

8. Quel est le type de singe le plus grand?
   a. le chimpanzé
   b. le gorille
   c. l'orang-outang

9. Quelle est la grenouille[4] la plus grosse?
   a. la grenouille verte
   b. la grenouille taureau[5]
   c. la grenouille goliath

10. Quel est l'animal marin le plus gros?
    a. la baleine[6] bleue
    b. l'orque
    c. le grand requin blanc

(Réponses à la page 12)

[1]shark   [2]sloth   [3]howling monkey   [4]frog   [5]bullfrog   [6]whale

Les records des animaux • 11

Les créatures de la nuit

Il fait nuit à Madagascar, une île africaine francophone. Deux petits yeux ronds brillent.[1] La plus étrange des créatures est là. Elle est aussi grosse qu'un chat. Ses poils sont argentés comme la lune. Une de ses mains a un très long doigt crochu.[2] Elle a des dents de lapin et des griffes.[3] Cette créature existe réellement. C'est un aye-aye, un animal très rare, unique à Madagascar.

L'aye-aye est un lémurien,[4] une catégorie de primates. (Les singes et les humains sont aussi des primates.) Ces animaux existent uniquement à Madagascar. En général, les lémuriens aiment sortir la nuit et dormir le jour. Ils sont joueurs et gentils. Ils mangent des fruits, des plantes ou des insectes.

Il y a plus de trente types de lémuriens. Le plus gros a la taille d'un chien. Le plus petit a la taille d'une souris. Le sifaka, lui, ressemble à un singe. Il est très agile. Cet acrobate peut sauter d'arbre en arbre à une distance de vingt pieds.

Ces animaux fantastiques sont en danger. Leur plus terrible ennemi est la destruction de la forêt de Madagascar. Pour préserver leur habitat, le gouvernement de l'île a créé des parcs nationaux. Maintenant, le petit aye-aye peut dormir tranquille...toute la journée!

Un aye-aye, un type de lémurien

Réponses aux questions de la page 11:

1. **a.** Le grand requin blanc. Le plus grand pèse 16 tonnes pour une longueur de 41 pieds.
2. **c.** Le guépard, avec une vitesse approximative de 70 miles par heure. On trouve le guépard dans les plaines d'Afrique de l'Est.
3. **c.** Le paresseux avance de 6 pieds par minute, c'est-à-dire 0,07 miles par heure! Cet animal vit en Amérique du Sud.
4. **b.** L'autruche d'Afrique du Nord pèse jusqu'à 345 livres et mesure jusqu'à 9 pieds de haut. Ce gros oiseau ne peut pas voler!
5. **c.** La girafe a une hauteur maximale de 20 pieds. Elle vit dans la savane africaine, principalement au sud du désert du Sahara.
6. **a.** La tortue. L'âge record est de 152 ans pour une tortue des îles Seychelles.
7. **a.** Le singe hurleur mérite *(deserves)* son nom. Dans les forêts d'Amérique du Sud, on peut entendre son cri à une distance de dix miles.
8. **b.** Avec ses 5 pieds 9 pouces et ses 360 livres, le gorille du Zaïre est un champion!
9. **c.** La grenouille goliath du Cameroun est aussi rare que géante. Elle pèse jusqu'à 8 livres.
10. **a.** La baleine bleue est la reine *(queen)* des océans. La plus grosse pesait 109 tonnes. La plus grande mesurait plus de 110 pieds de long.

---

[1]shine [2]hooked [3]claws [4]lemur

Les expressions animales

Voici des expressions françaises. Quelle est leur signification?
Faites correspondre *(match)* l'expression à la traduction anglaise
correspondante.

1. rire *(to laugh)* comme une baleine
2. être un chameau
3. faire le lézard
4. payer en monnaie de singe
5. pratiquer la politique de l'autruche
6. être malade comme un chien
7. répéter comme un perroquet
8. prendre un remède de cheval

a. *to repeat mindlessly*
b. *to be very sick*
c. *to take a strong medicine*
d. *to do nothing*
e. *to have a hearty laugh*
f. *to make empty promises*
g. *to be a mean person*
h. *to ignore the dangers of a situation*

Réponses: 1. e, 2. g, 3. d, 4. f, 5. h, 6. b, 7. a, 8. c

AVEZ-VOUS COMPRIS?

Vrai ou Faux? Dites si les phrases sont vraies ou fausses.
Si une phrase est fausse, donnez la réponse correcte.

	VRAI	FAUX
1. On parle français à Madagascar.	☐	☐
2. L'aye-aye a des dents de lapin.	☐	☐
3. En général, les lémuriens dorment la nuit.	☐	☐
4. Les lémuriens mangent des fruits.	☐	☐
5. La destruction de la forêt est l'ennemie des lémuriens.	☐	☐
6. Il n'y a pas de parc national à Madagascar.	☐	☐

EXPÉRIENCE PERSONNELLE

Choisissez un animal domestique et un animal
sauvage. Trouvez une photo ou faites un dessin
de chaque animal pour illustrer votre
travail. Écrivez leurs similarités et leurs
différences dans un diagramme. Pensez
à leurs habitats, leurs nourritures, leurs actions
(voler, sauter, etc.). Comparez vos résultats avec
ceux de votre partenaire.

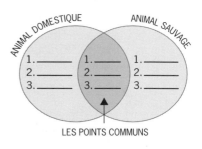

ENRICHISSEZ VOTRE VOCABULAIRE

À la maison

le chat cat
le chien dog
le hamster hamster
la souris (blanche) (white) mouse
la tortue turtle
le lapin rabbit
le canari canary
le cobaye guinea pig
le poisson rouge goldfish

Dans la nature

l'araignée (f.) spider
le serpent snake
l'ours (m.) bear
la grenouille frog
le daim (fallow) deer
le cygne swan
l'aigle (m.) eagle
le loup wolf
le crapaud toad

À la ferme

la vache cow
la chèvre goat
le cheval horse
le cochon pig
la poule chicken
le coq rooster
le mouton sheep

1 QUI SE RESSEMBLE S'ASSEMBLE

Faites correspondre l'animal de la Colonne A à l'animal de la Colonne B qui lui ressemble le plus.

A	B
1. le chien	a. la grenouille
2. la poule	b. le cobaye
3. l'aigle	c. le daim
4. le hamster	d. le loup
5. le cheval	e. le coq
6. le crapaud	f. le cygne

2 QUEL ANIMAL?

Complétez les phrases avec les noms d'animaux d'**ENRICHISSEZ VOTRE VOCABULAIRE.**

1. Un oiseau tout blanc qui nage sur les lacs s'appelle un _____.

2. À la ferme, le _____ chante très tôt le matin.

3. On utilise le lait de la _____ et de la _____ pour faire des fromages.

4. On utilise la laine *(wool)* du _____ pour fabriquer des vêtements.

5. L'_____ est le symbole des États-Unis.

6. Les _____ sont souvent attrapées *(caught)* par les chats.

3 LES MESURES

Choisissez les mots corrects pour compléter les phrases suivantes.

1. Il faut mesurer la taille de la Statue de la Liberté pour connaître sa _____ (**longueur/hauteur**).

2. Pour connaître le poids d'un objet, il faut le _____ (**peser/mesurer**).

3. Le T.G.V. est un train très rapide. Sa _____ (**longueur/vitesse**) est de 167 miles par heure.

4. Un éléphant pèse plus de quatre _____ (**tonnes/livres**).

5. Pour savoir les dimensions de votre chambre, il faut la _____ (**peser/mesurer**).

④ LE PUZZLE

Trouvez dans la grille *(grid)* le nom
français de chaque animal illustré.
Attention: cherchez bien dans toutes
les directions! Écrivez les lettres qui
restent. Elles forment le nom d'un animal
typique de Madagascar.

E	É	N	G	I	A	R	A	H
C	T	N	E	I	H	C	I	A
A	C	O	B	A	Y	E	G	M
M	H	M	R	G	É	L	L	S
I	A	É	N	T	O	O	E	T
A	T	E	N	O	U	R	S	E
D	T	N	E	P	R	E	S	R

L'animal de Madagascar est le _____.

Activité 5 À VOTRE TOUR

Formez un groupe. Un(e) élève imite et décrit un animal en français. La première personne qui donne le nom de cet animal en français gagne. Puis cette personne décrit un animal à son tour *(turn)*. Avant de commencer, faites un diagramme pour assembler une liste de caractéristiques de votre animal.

Activité 6 EXPRESSION PERSONNELLE

Choisissez une expression animale de la page 13. Illustrez votre expression sur une grande feuille de papier. N'oubliez pas d'écrire l'expression sur votre feuille. Affichez *(hang up)* les feuilles dans votre salle de classe! Vous pouvez aussi choisir une des expressions suivantes:

Avoir une faim de loup. *To be extremely hungry.*
Être une poule mouillée. *To be chicken.*
Poser un lapin à quelqu'un. *To stand somebody up.*

Note CULTURELLE

- Les Français s'intéressent beaucoup à la nature et à la protection de l'environnement. Savez-vous que la plus grande réserve naturelle française est en Guyane française? Ce pays d'Amérique du Sud est couvert *(covered)* par la forêt amazonienne.

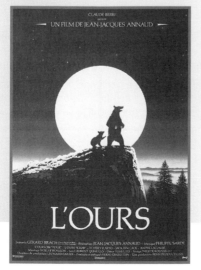

- Le cinéaste français Jean-Jacques Annaud a fait le film *L'ours* (The Bear). Dans le film, un petit ours fait face aux dangers de la nature. Un jour, il rencontre un gros ours Kodiak qui devient *(becomes)* son protecteur. Les acteurs sont de vrais *(real)* ours. Ils sont filmés dans des décors naturels grandioses. L'histoire est amusante et émouvante *(moving)*.

STRATÉGIES DE LECTURE

• Regardez les illustrations rapidement. Devinez (*guess*) ce que chaque personne exprime par son geste.

• Parcourez les paragraphes sans lire les réponses suggérées. Quelle est votre réponse personnelle à chaque situation?

À VOUS

Donnez votre opinion personnelle.

1 Les gestes ont... des significations similaires dans des pays différents.
 a. quelquefois
 b. toujours
 c. jamais

2 On fait des gestes pour...ce que l'on dit.
 a. dessiner
 b. accentuer
 c. écrire

3 Un...s'exprime uniquement (*only*) par gestes.
 a. chanteur
 b. mime
 c. acteur

LECTURE 3

Les gestes parlent!

Les gestes sont très importants dans la conversation. Ils forment un langage silencieux. Avec les gestes vous pouvez vous exprimer sans rien dire! Mais si vous visitez d'autres pays, faites attention. Les mêmes gestes ont souvent des significations différentes selon les pays. Connaître les gestes particuliers à un pays vous aide à en connaître la langue!

Et vous, parlez-vous «le français silencieux?» Regardez les illustrations et trouvez ce que chaque geste signifie.

VOCABULAIRE

le geste Un geste est un mouvement de la main. On peut faire **un geste** pour dire bonjour ou pour dire au revoir. Les mimes sont des artistes qui s'expriment uniquement (*only*) par **gestes**.

silencieux/silencieuse Une personne qui ne parle pas est **silencieuse**. Quand on va au cinéma, il est important d'être **silencieux** pendant le film pour ne pas déranger (*bother*) les autres spectateurs.

signifier Le mot «chanteur» **signifie** «personne qui chante.» Quand on veut savoir la signification de quelque chose, on demande: «Qu'est-ce que cela **signifie**?»

avoir mal Quand on a une douleur (*pain*), on **a mal.** Quand on regarde l'écran de l'ordinateur trop longtemps, on **a mal** aux yeux (*eyes*).

vouloir dire Vouloir dire est une expression synonyme de «signifier.» Synonyme **veut dire** que deux mots ont la même (*same*) signification.

1. Franck est à la fête du lycée avec son amie Caroline. Caroline est en train de parler avec une camarade. Quand la musique commence, Franck regarde Caroline. Avec l'index, il fait comme quelqu'un qui tourne son café avec une cuillère. Qu'est-ce que ce geste signifie?

a) **Il veut aller boire un café.**

b) **Il veut danser avec Caroline.**

c) **Il veut téléphoner à son copain.**

2. Élise dit à François: «Je vais chanter avec les Spice Girls.» François fait ce geste et dit: «Mon oeil!» Qu'est-ce qu'il veut dire?

a) **Il a un problème de vision.**

b) **Il donnerait[1] son oeil pour chanter avec les Spice Girls.**

c) **Il ne croit pas Élise.**

3. Vladimir regarde un vieux film en noir et blanc avec Nathalie. Nathalie lui dit: «C'est super, non?» En réponse, Vladimir frotte[2] sa joue avec sa main. Qu'est-ce que sa réponse signifie?

a) **Je dois me raser.[3]**

b) **J'ai mal aux dents.**

c) **C'est très ennuyeux.[4]**

[1]would give   [2]rubs   [3]to shave   [4]boring

4. Richard rencontre Max. Il demande:
«Comment vas-tu, Max?» Max ne dit rien,
mais il tend la main droite et la balance[1]
de droite à gauche. Quelle est sa réponse?

a) Je vais très bien.

b) Je vais comme ci, comme ça.

c) Je vais très mal.

5. Véronique est fatiguée. Elle se couche.[2]
Les voisins fêtent un anniversaire. Ils
écoutent de la musique et ils dansent.
Véronique entend tout. Impossible de
dormir! Finalement, elle se lève.[3] Son père
demande quel est le problème et Véronique
fait ce geste. Qu'est-ce qu'elle veut dire?

a) J'en ai assez![4]

b) Mes cheveux sont trop longs.

c) J'ai mal à la tête.

6. Claude et Simon ont regardé un film d'horreur.
À la sortie du cinéma, Claude demande à
Simon ce qu'il a pensé du film. Claude fait
descendre sa main devant lui avec les doigts
tout tremblants. Qu'est-ce qu'il veut dire?

a) J'ai détesté le film.

b) Je ne veux pas parler du film.

c) J'ai eu très peur.

[1]tilts   [2]goes to bed   [3]gets up   [4]I've had enough!

7. Delphine parle à Charlotte de son ami Philippe. Elle dit que Philippe ne veut jamais étudier ni travailler. Il passe souvent ses après-midi à regarder la télévision. Charlotte fait comme quelqu'un qui caresse un poil[1] au milieu de sa main ouverte. Qu'est-ce qu'elle veut dire?

a) **Philippe est paresseux.**

b) **Elle veut noter le numéro de téléphone de Philippe.**

c) **Elle trouve que Philippe est amusant.**

8. Charles dit à Carole qu'il est allé à la pêche le weekend dernier. Il dit qu'il a attrapé un poisson qui pèse trente livres. Carole secoue[2] la main plusieurs fois de haut en bas.[3] Qu'est-ce qu'elle veut dire?

a) **Tu as de la chance!**

b) **C'est incroyable!**

c) **Tu nages vite!**

Tout le monde se sert des gestes

Maintenant vous comprenez qu'on fait des gestes dans des situations très diverses en France. Ces gestes aident à s'exprimer et animent la conversation! Les gestes sont vraiment expressifs, n'est-ce pas?

Réponses: 1. b, 2. c, 3. c, 4. b, 5. a, 6. c, 7. a, 8. b

[1]hair   [2]shakes   [3]up and down

AVEZ-VOUS COMPRIS?

1. Si on veut…, on tourne l'index comme quelqu'un qui tourne son café.
   a. inviter quelqu'un à danser
   b. téléphoner à quelqu'un
   c. poser une question à quelqu'un

2. On dit «mon oeil» quand on …quelqu'un.
   a. est d'accord avec
   b. ne croit pas
   c. n'aime pas

3. On frotte sa joue avec la main quand quelque chose est…
   a. triste
   b. intéressant
   c. ennuyeux

4. On indique qu'on va…quand on tend et balance la main droite.
   a. très bien
   b. comme ci, comme ça
   c. très mal

EXPÉRIENCE PERSONNELLE

Vous connaissez maintenant plusieurs gestes français. Choisissez deux gestes. Quel geste est-ce qu'on utilise pour exprimer la même chose aux États-Unis? Est-ce que les deux gestes sont différents ou similaires?

GESTES	EN FRANCE	AUX ÉTATS-UNIS
vous vous ennuyez		
vous voulez danser		

ENRICHISSEZ VOTRE VOCABULAIRE

croire *to believe*
craindre *to fear*
douter *to doubt*
exagérer *to exaggerate*

mentir *to lie*
avoir raison *to be right*
avoir tort *to be wrong*
avoir peur *to be afraid*

J'en ai marre. *I'm fed up.*
J'en ai assez. *I've had enough.*

J'en ai ras le bol. *I'm fed up.*

délicieux *delicious*
dégoûtant *disgusting*
ennuyeux *boring*
embêtant *bothersome*
excellent *excellent*

généreux *generous*
honnête *honest*
malhonnête *dishonest*
paresseux *lazy*
exagéré *exaggerated*

Oh là là! *Wow!, Oh dear!*
Mon Dieu! *My goodness!*

Quelle histoire! *What a story!*

la vérité *truth*
un mensonge *lie*

la blague *joke*
la bêtise *stupidity, stupid thing*

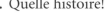

1 LES EXPRESSIONS ET LES GESTES

Formez des paires avec les expressions à gauche et les gestes correspondants à droite.

1. Quelle histoire!

2. J'en ai assez!

3. Comme ci, comme ça.

4. Tu veux danser?

5. Il est paresseux.

6. Mon oeil!

7. J'ai eu très peur.

8. C'est ennuyeux.

a.

e.

b.

f.

c.

g.

d.

h.

2 TROUVEZ L'EXPRESSION.

Complétez les phrases avec un mot approprié de la section **ENRICHISSEZ VOTRE VOCABULAIRE**. Écrivez le mot dans la grille pour trouver une autre expression française qui veut dire «J'en ai marre.»

1. Une personne honnête veut toujours dire la _____.

2. Ma soeur _____: elle dit qu'elle est la plus belle fille du monde!

3. Dire que la lune brille *(shines)* le jour est une _____.

4. _____ _____ _____ est une expression française qui exprime la surprise.

5. Si un ours approche de la tente quand on campe, on a très _____.

6. C'est _____ d'être dans un embouteillage *(traffic jam)* quand on est pressé.

7. C'est difficile de _____ quelqu'un qui ment tout le temps.

8. Le premier avril, c'est la tradition de faire des _____.

L'expression française est «J'en ai _____ _____ _____!»

Activité 3 QUEL GESTE?

Choisissez le geste approprié à chaque situation.

1. Votre amie vous raconte une histoire interminable et sans aucun intérêt. Quel geste faites-vous?

a.   b.

c.

2. Votre soeur refuse de vous aider à faire la vaisselle. Quel geste faites-vous?

a.   b.

c.

3. Votre cousine vous raconte une histoire incroyable! Quel geste faites-vous?

a.   b.

c.

4. Votre ami prétend qu'il peut soulever (lift) un éléphant. Quel geste faites-vous?

a.   b.

c.

Activité 4 MOTS UTILES

Complétez chaque phrase avec un mot approprié du **VOCABULAIRE.**

1. Il faut être _____ quand on est à la bibliothèque.
2. Des synonymes sont des mots qui _____ la même chose.
3. On peut faire un _____ pour dire «Bonjour» ou «Au revoir.»
4. Quand on _____ _____ à la tête, on prend de l'aspirine.
5. L'expression «Quelle histoire!» _____ _____ que quelqu'un exagère.

5 À VOTRE TOUR

Choisissez un(e) partenaire. Composez un petit dialogue où vous utilisez au moins deux gestes présentés dans le texte. Jouez votre dialogue devant la classe. Les gestes vous aident à communiquer, n'est-ce pas?

6 EXPRESSION PERSONNELLE

Choisissez le geste du texte que vous préférez. Inventez une situation où ce geste est utilisé, puis créez une bande dessinée en couleur pour l'illustrer. Regroupez les bandes dessinées de la classe en un petit album. Pourquoi ne pas le donner à la bibliothèque? N'oubliez pas de donner un titre à votre album!

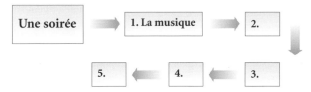

Notes CULTURELLES

- Attention à votre attitude! En France, par exemple, il est très impoli d'avoir les mains dans les poches quand on s'adresse à une autre personne. Il est aussi très impoli de mettre les coudes *(elbows)* sur la table quand on mange.

- Les amis français utilisent **la bise** *(kiss on the cheek)* pour se dire bonjour ou au revoir. On fait généralement deux bises, mais le nombre de bises dépend des régions! En Bretagne, par exemple, on fait quatre bises.

- Et dans le monde...
  Au Japon, le signe américain «OK» (pouce et index forment un cercle) symbolise l'argent. En Argentine, le signe français «Tu es fou» (on tourne l'index sur la tempe) signale parfois un coup de téléphone. Il est impoli d'avoir les mains dans les poches en France, mais aussi en Finlande, au Japon et en Indonésie!

- La langue des signes utilisée par les personnes malentendantes *(hearing-impaired)* a été *(was)* développée en France au 18e siècle par l'Abbé de l'Épée. Thomas Gallaudet a introduit ce langage aux États-Unis.

STRATÉGIES DE LECTURE

● Vous allez lire une liste comparative des traditions françaises et américaines. Comment les deux cultures sont-elles différentes?

● Parcourez le texte. Notez les fêtes qui sont célébrées en France, les fêtes qui sont célébrées aux États-Unis et les fêtes qui sont célébrées dans les deux pays.

À VOUS

Donnez votre opinion personnelle.

1 Pendant les jours de fête...

　a. on travaille et les banques sont ouvertes
　b. tout le monde est triste
　c. on mange souvent en famille ou avec des amis

2 Un exemple d'un jour de fête américain est...

　a. le jour d'actions de grâce
　b. la fête des rois
　c. le 30 septembre

LECTURE 4

France/USA:
le match
des
traditions

C'est le 24 décembre à Paris, en France. Où sont les chaussettes pour les cadeaux? Le gâteau aux fruits? Ils sont absents! Pourquoi? Parce que ces traditions sont américaines et non pas françaises. Les fêtes communes aux deux pays sont célébrées différemment. Quand est la fête nationale? Aux États-Unis, c'est le 4 juillet. En France, c'est le 14 juillet. Mais les deux pays organisent de beaux feux d'artifice[1] ces jours-là. Quelles sont les fêtes et traditions communes aux deux pays? Quelles traditions sont différentes? Voici une liste comparative.

[1] fireworks

VOCABULAIRE

le facteur/la factrice **Le facteur** est la personne qui apporte le courrier *(mail)* à la maison. **Le facteur** est employé par la poste.

défiler Quand beaucoup de personnes organisent une marche dans les rues, elles **défilent**. En France, les militaires **défilent** le jour de la fête nationale.

le porte-bonheur Pour certains, le numéro sept est **un porte-bonheur**. Ils pensent que ce numéro porte chance.

la veille Le soir qui précède un jour particulier est **la veille** de ce jour. **La veille** du Nouvel An est le 31 décembre. **La veille** de Noël est le 24 décembre.

amoureux/amoureuse Quand on aime une personne, on est **amoureux** de cette personne.

le 1ᵉʳ janvier

Commençons par le début de l'année. C'est le premier janvier. Comment passez-vous la journée? Les jeunes Français préfèrent rendre visite aux membres de leur famille. Au Nouvel An, les adultes donnent de l'argent aux enfants. Cela s'appelle donner les étrennes. Ils donnent aussi des étrennes aux personnes qui rendent service au cours de l'année, comme le facteur.

la fête des rois[1]

C'est le six janvier. Qu'est-ce que vous faites ce jour-là? Rien de spécial? Eh bien, en France le 6 janvier est la fête des rois. En souvenir des trois Rois Mages,[2] on mange un gâteau aux amandes ou aux pommes appelé la «galette des rois.» Chaque galette des rois est vendue avec une couronne[3] de papier. Il y a un secret à l'intérieur de la galette: un petit objet de plastique ou de porcelaine. Si vous trouvez ce prix, vous êtes le roi ou la reine!

le 2 février

C'est la Chandeleur, et pour célébrer, les Français font des crêpes. Ce sont de larges «pancakes» très fines[4] qu'on mange avec du sucre ou de la confiture. La légende dit qu'il faut faire sauter la crêpe dans la poêle[5] d'une main avec une pièce de monnaie dans l'autre main. Si la crêpe tombe bien dans la poêle, c'est signe de richesse et de chance pour l'année.

[1]kings   [2]the Three Wise Men   [3]crown   [4]thin   [5]frying pan

Mardi Gras

À La Nouvelle-Orléans, en Louisiane, on célèbre le Mardi
Gras avec une parade extravagante, des colliers en
plastique et des bonbons. Il y a des costumes
extraordinaires et on danse dans les rues. Le Mardi Gras
est aussi célébré en Haïti. Les Haïtiens portent eux aussi
des costumes et dansent dans les rues. Ils jouent une
musique appelée «ragga.» Dans les villes de France,
le Mardi Gras est moins spectaculaire. Chaque région
française a sa tradition de Mardi Gras. À Douai dans
le nord, on parade une famille de géants. À Nice, dans
le sud, il y a un carnaval avec des confettis et beaucoup
de musique et de danse.

le 1er avril

C'est le jour des farces[1] aux États-Unis et en France.
Si vous êtes français, faites attention à votre dos![2]
Le premier avril, la tradition en France est de mettre
un poisson de papier dans le dos de ses amis. Il y a aussi
les farces à la télévision. Par exemple, un journaliste a
annoncé la vente[3] de la Tour Eiffel! Cette tradition est
ancienne. Le premier avril était[4] le jour de l'An. En 1564,
le roi Charles IX a changé la date et a fait commencer
l'année le premier janvier. Mais on continue à fêter
le premier avril.

le 1er mai

Le premier mai, les personnes qui travaillent défilent
dans les rues. C'est la fête du travail.[5] Aux États-Unis,
cette fête est le premier lundi de septembre. Ce jour-là,
les Français offrent de petits bouquets de muguet[6] parce
que cette fleur est un porte-bonheur.

[1]practical jokes   [2]back   [3]sale   [4]used to be   [5]Labor Day
[6]lily of the valley

le 14 juillet

C'est la fête nationale en France, dix jours après la fête de l'indépendance aux États-Unis. En France, elle commémore l'attaque de la prison de la Bastille par les Parisiens le 14 juillet 1789. On n'organise pas de barbecue en famille comme aux États-Unis, mais on assiste à des défilés militaires et à des feux d'artifice. La nuit, on danse dans les rues de tous les villages de France.

le 1er novembre

Qu'est-ce que c'est? En France, c'est la Toussaint.[1] Le premier novembre, les Français honorent les personnes décédées[2] de leur famille. Ils vont au cimetière où ils déposent de gros bouquets de fleurs sur les tombes. La veille de la Toussaint, le 31 octobre, on célèbre Halloween aux État-Unis. Cette fête est typiquement américaine, mais dans certaines villes de France, les habitants organisent un petit carnaval. Ils défilent dans les rues en costume de vampire ou de momie.

le 11 novembre

C'est la fête des anciens combattants aux États-Unis. C'est un peu la même chose en France où on célèbre l'armistice du 11 novembre 1918. Cet armistice a terminé la première guerre[3] mondiale (1914-1918). En France, il y a des défilés militaires. Aux monuments de guerre, on dépose des fleurs et on observe une minute de silence en mémoire des soldats décédés.

Hanoukka

Hanoukka est la fête des Lumières (lights). Elle est célébrée par la communauté juive à la fin de décembre. La famille se réunit huit soirs de suite pour allumer les chandelles de la menora. Les parents donnent de l'argent et de petits cadeaux aux enfants et on mange des «latkes.» Ce sont des pommes de terre râpées et cuites dans l'huile.

[1]All Saints' Day   [2]deceased   [3]war

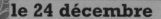

le 24 décembre

Dans les deux pays, c'est la veille de Noël! Les petits Français déposent leurs chaussures près de la cheminée ou du sapin de Noël.[1] Le Père Noël va passer à minuit! Les familles font un grand repas appelé le réveillon. Au menu: huîtres,[2] pâté de foie gras[3] et un dessert spécial appelé la bûche[4] de Noël. Ce gâteau a la forme d'une bûche et il est décoré de petits objets en sucre.

Les autres traditions communes

La fête des Mères apparaît en France en 1929, la fête des Pères en 1952 et la fête des Grands-Mères en 1992! Ces fêtes sont en mai et juin.

Certaines traditions américaines commencent à apparaître en France. À la Saint-Valentin par exemple, on n'écrit pas de cartes à ses amis. On donne des roses ou des chocolats à sa petite amie (ou à son petit ami). Cette fête est strictement réservée aux amoureux.

Rosh Ha-shana marque le début de la nouvelle année juive. Yom Kippour marque la fin de Rosh Ha-shana. Ce sont deux des fêtes les plus importantes dans la communauté juive.

Le Ramadan est une tradition musulmane.[5] C'est une longue période de jeûne,[6] où il est interdit de boire et de manger de l'aube[7] au coucher du soleil. Pendant le Ramadan, on encourage la générosité, la charité et la piété.

La fête du Têt marque le début de la nouvelle année vietnamienne.

[1]Christmas tree   [2]oysters   [3]goose liver pâté   [4]log
[5]Muslim   [6]fasting   [7]dawn

Avez-vous compris?

Complétez chaque phrase avec la réponse correcte.

1. Le 1er janvier...
   a. les jeunes Français assistent à des feux d'artifice
   b. on donne des étrennes en France
   c. est la fête du travail aux États-Unis

2. Le jour des farces est...
   a. le 1er avril
   b. le 1er janvier
   c. le 1er mai

3. La fête nationale en France et celle des État-Unis...
   a. sont célébrées le même jour
   b. sont à dix jours d'intervalle
   c. sont les mêmes fêtes

4. Rosh Ha-shana, la fête du Têt et le 1er janvier sont...
   a. les fêtes de nouvel an
   b. des fêtes religieuses
   c. célébrés pendant une semaine

Expérience personnelle

Combien de fêtes françaises sont aussi célébrées aux États-Unis? Est-ce qu'elles sont fêtées de la même façon dans les deux pays? Utilisez deux diagrammes pour comparer une tradition française et américaine.

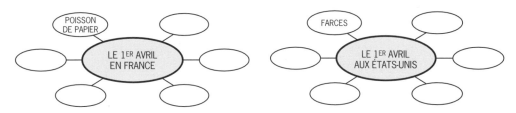

Enrichissez votre vocabulaire

1. **visiter** et **rendre visite à**
   — On **visite** un endroit (*place*), mais on **rend visite à** une personne.
   — En vacances, nous **visitons** les musées et nous **rendons visite à** nos grands-parents.

2. **marcher**
   Le verbe **marcher** a plusieurs significations:
   — Comme j'habite tout près de l'école, je ne prends pas le bus. Je préfère **marcher.**
   — Fais attention quand tu danses! Ne **marche** pas sur les pieds de ton/ta partenaire!
   — Ma radio ne **marche** pas. Les piles (*batteries*) sont usées.

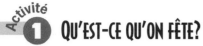

1 QU'EST-CE QU'ON FÊTE?

Utilisez les informations données dans chaque paragraphe pour déterminer quelles fêtes ces personnes célèbrent.

1. Il est minuit, mais personne *(nobody)* ne dort. Tout le monde regarde l'horloge et on compte: quatre, trois, deux, un... On crie *(screams)* de joie et on s'embrasse *(kiss)*. Changeons de calendrier! **C'est le _____.**

2. Mme Lemoine achète une couronne de papier doré *(gold)*. En préparant le gâteau elle met un petit objet en plastique dedans. Qui va le trouver? C'est la surprise! **C'est la _____.**

3. La cuisine sent bon. Les enfants préparent des crêpes. Ils vont les manger avec du sucre et de la confiture de fraises. C'est délicieux! **C'est la _____.**

4. C'est une belle nuit d'été. Les habitants de la ville sont dans la rue. Il y a des drapeaux *(flags)* et des lampions *(lanterns)*. Tout à coup, il y a une explosion! Tout le monde s'arrête pour admirer les lumières de toutes les couleurs dans la nuit. C'est magnifique! **C'est la _____.**

2 FAISONS LA FÊTE!

Lisez les définitions et complétez les phrases. Après, trouvez une tradition commune à la France et aux États-Unis.

1. Cet homme vient chez vous pour apporter le courrier. Il est employé de poste. C'est le _ _ _̲ _ _ _ _ .

2. Mes parents sont mariés depuis vingt ans! Ils sont toujours très _ _̲ _ _ _ _ _ _ l'un de l'autre.

3. Demain, c'est la fête nationale. Mes copains et moi, nous allons assister au _ _̲ _ _ _ _ militaire et danser dans la rue.

4. La Toussaint est célébrée le 1er novembre, et Halloween est fêtée la _ _̲ _ _ _ _ .

5. —Vous allez prendre le bus?

   —Non, ce n'est pas loin. Nous préférons _ _̲ _ _ _ _ _ .

6. Aux États-Unis, le numéro treize n'est pas un _ _ _ _ _ –
   _ _ _ _ _ _̲ _ .

Hier, c'était mon anniversaire. On m'a donné un beau _ _ _ _ _ _ .

32 • LECTURE 4

③ À VOTRE TOUR

Imaginez que vous êtes directeur/directrice de publicité pour une chaîne mondiale *(world-wide)* d'hôtels français. Vous avez décidé de promouvoir *(to promote)* une fête française à l'hôtel. Faites un poster annonçant cet événement. Précisez la fête, la date, le lieu, l'heure, le prix d'entrée et les activités. N'oubliez pas d'illustrer votre poster. Bonne chance pour la promotion!

④ EXPRESSION PERSONNELLE

Quelle est votre fête favorite? Comment la célébrez-vous? Faites la liste de ce que vous faites pour préparer votre fête favorite et pour la célébrer. Mettez vos idées en ordre et notez-les dans un organigramme.

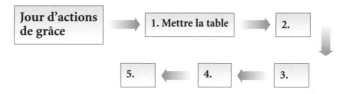

Jour d'actions de grâce → **1. Mettre la table** → **2.**

5. ← **4.** ← **3.**

Note CULTURELLE

En France, c'est tous les jours la fête! Chaque jour honore un saint. En conséquence, c'est la fête des personnes qui portent un nom identique ou apparenté *(related)*. Par exemple, le 19 mars correspond à la fête de Saint Joseph. Ce jour-là, on dit «Bonne fête» à tous les Joseph que l'on connaît.

Voici un calendrier français. Trouvez-vous votre nom? le nom de vos parents? de vos amis?

Bonne Fête!

MARS			AVRIL		
O 6h35 à 17h32			O 5h30 à 18h:		
1	M	S. Aubin	1	V	S. Hugues
2	M	S. Charles le B.	2	S	S⁰Sandrine
3	J	S. Guénolé	3	D	PAQUES
4	V	S. Casimir O			
5	S	S. Olive	4	L	S. Isadore
6	D	S⁰Colette	5	M	S⁰Irène
			6	M	S. Marcelli
7	L	S⁰Félicité	7	J	S. J.-B. de
8	M	S. Jean de D.	8	V	S⁰Julie
9	M	S⁰Françoise	9	S	S. Gautier
10	J	S. Vivien	10	D	S. Fulbert
11	V	S⁰Rosine			
12	S	S⁰Justine	11	L	S. Stanisla
13	D	S. Rodrigue	12	M	S. Jules
			13	M	S⁰Ida
14	L	S⁰Mathilde	14	J	S. Maxime
15	M	S⁰Louise	15	V	S. Paterne
16	M	S⁰Bénédicte	16	S	S. Benoît-J
17	J	S. Patrice	17	D	S. Anicet
18	V	S. Cyrille	18	L	S. Parfait
19	S	S. Joseph	19	M	S⁰Emma
20	D	PRINTEMPS O			

STRATÉGIES DE LECTURE

● Lisez les titres et parcourez le texte pour trouver si c'est une histoire plutôt vraie ou fictive.

● Parcourez le texte. Relevez (pick out) trois adjectifs du texte pour décrire de quelle sorte de «trésor historique» il s'agit.

À VOUS

Donnez votre opinion personnelle.

1 Un trésor est...
   a. quelque chose qui a beaucoup de valeur
   b. un objet qui vient d'une ancienne civilisation
   c. a et b

2 La préhistoire est l'ère...
   a. des dinosaures
   b. après le Moyen Âge
   c. entre la Renaissance et le 17ᵉ siècle

3 Un exemple d'art préhistorique...
   a. est le tableau appelé *Mona Lisa*
   b. sont les dessins d'animaux sur les murs d'une grotte (cave)
   c. sont des statues romaines

LECTURE 5

Lascaux

UN TRÉSOR HISTORIQUE

En général, pour trouver un trésor, il faut avoir beaucoup de patience et de temps. Ou il faut avoir de la chance. C'est le cas des quatre adolescents français de cette histoire. Qu'ont-ils trouvé? Un site archéologique aussi ancien qu'extraordinaire. Voici l'histoire vraie de quatre jeunes garçons, d'un chien et d'un chef-d'oeuvre[1] inestimable.

ALLONS EXPLORER!

Nous sommes le 12 septembre 1940, à Montignac. Dans ce petit village du Sud-Ouest de la France, c'est encore les vacances. Jacques Marsal a 15 ans. Il est avec ses amis Marcel Ravidat (18 ans), Simon Coencas (13 ans) et Georges Agniel (16 ans).

—Qu'allons-nous faire aujourd'hui? demande Simon.

VOCABULAIRE

inestimable Un trésor est **inestimable** quand sa valeur est si grande qu'on ne peut pas estimer son prix. L'original de la Constitution est irremplaçable. C'est un document **inestimable.**

vif/vive Une couleur **vive** est très prononcée et brillante (bright). Un citron est jaune **vif.**

faible La lumière d'une bougie (candle) est plus **faible** que la lumière d'un néon. Elle est moins forte.

millénaire Un arbre **millénaire** est un arbre qui a mille ans.

interdit(e) Une chose qui n'est pas autorisée est une chose qui est **interdite.** L'entrée au musée est **interdite** sans billet (ticket).

[1] masterpiece

—J'ai une idée, dit Jacques, allons explorer le trou[1] qui est sur la colline de Lascaux. Nous allons peut-être trouver le passage secret qui mène[2] au château.

—Oui, c'est sûr qu'il y a une sorte de passage. Il y a quatre jours, mon chien est tombé dans ce trou et il n'est pas remonté à la surface tout de suite!

—D'accord! Allons-y!

UN BISON APPARAÎT

Les quatre amis préparent rapidement leur expédition. Peu après, ils se glissent[3] avec précaution dans l'ouverture. Leurs coeurs battent vite. Le trou est en fait l'entrée d'une grotte! Les amis avancent lentement. Jacques lève sa lampe. Il regarde les murs. Soudain, quelque chose attire son attention. Un bison! Il déplace la lampe vers la gauche et voit... des chevaux! Les murs sont couverts de dessins d'animaux aux couleurs vives.

Excités, ils continuent leur exploration. Ils arrivent dans une grande salle. Une série de taureaux[4] géants. Le plus gros mesure 16 pieds de haut! Bisons, chevaux, taureaux, cerfs[5] dansent sur les murs à la faible lumière des deux lampes. C'est la première fois depuis plus de 20 000 ans que ces peintures voient la lumière!

UN SPÉCIALISTE ARRIVE

Après cette découverte, on appelle un grand spécialiste de l'art préhistorique, l'Abbé Henri Breuil. Il arrive pour étudier le site du trésor. Fasciné, il observe les 600 peintures et les 1 500 gravures[6] qui décorent les murs de la grotte. Immédiatement, il se rend compte de l'importance du site. Il s'adresse aux quatre explorateurs.

[1]hole [2]leads [3]slide [4]bulls [5]stags [6]engravings

LES GRANDES LIGNES DE L'HISTOIRE

LA PRÉHISTOIRE

-40 millions d'années	➤ Disparition des dinosaures
-2 millions d'années	➤ Âge de la pierre
-20 000	➤ **LASCAUX**
-3500	➤ Âge du bronze
-2500	➤ Âge du fer

L'ANTIQUITÉ

-2700	➤ Pyramides d'Égypte
-2100	➤ Dynastie Xia en Chine
-1500	➤ Civilisation Maya
-735	➤ Fondation de Rome
-206	➤ Dynastie Han en Chine
0	➤

LE MOYEN ÂGE

410	➤ Chute de Rome
700	➤ Empire du Ghana, Afrique
1095	➤ Début des Croisades
1163	➤ Construction de Notre-Dame de Paris
1300	➤ Dynastie des Incas au Pérou
1350	➤ Royaume du Bénin, Afrique
1368	➤ Dynastie Ming en Chine

LA RENAISSANCE

1492	➤ Christophe Colomb arrive en Amérique
1500	➤ Pedro Alvares Cabral arrive au Brésil
1503	➤ De Vinci peint la Mona Lisa
1620	➤ Le Mayflower arrive à Plymouth

LE SIÈCLE DES LUMIÈRES

1776	➤ Déclaration d'Indépendance des États-Unis
1789–99	➤ La Révolution française
1803	➤ La France vend la Louisiane aux États-Unis

LA RÉVOLUTION INDUSTRIELLE

1837	➤ Victoria devient reine d'Angleterre
1861-65	➤ Guerre civile aux États-Unis

LES TEMPS MODERNES

1914-18	➤ 1ère Guerre mondiale
1940-45	➤ 2e Guerre mondiale
1969	➤ Neil Armstrong marche sur la lune
1997	➤ Le robot Pathfinder explore la planète Mars
	➤ **aujourd'hui**

—Savez-vous ce que vous avez trouvé?

—Oui, c'est vieux, n'est-ce pas? dit Jacques, fier de l'attention de l'expert.

—Oui, très très vieux. Ce site est unique. Ces peintures datent de la préhistoire. Elles sont extraordinaires. Ce sont les plus belles peintures jamais[1] trouvées. Et les plus vieilles. Elles ont plus de 20 000 ans!

La grotte de Lascaux attire vite de nombreux visiteurs: historiens, archéologues, experts de l'art, touristes curieux...

PEINTURES EN DANGER

Marcel Ravidat et Jacques Marsal restent à Montignac. Adultes, ils deviennent guides. Ils font visiter la grotte à des milliers de touristes. En 1962, Marcel remarque quelque chose d'étrange. Les murs ont pris une coloration verte. En même temps, les couleurs sublimes des animaux ont pâli. Il alerte les experts. Conclusion: des micro-organismes ont attaqué la grotte. Ils se sont développés à cause de la pollution causée par les visiteurs. Les peintures sont très fragiles. Même la respiration humaine représente un danger. Il n'y a qu'une solution: fermer la grotte. Elle est interdite au public en 1963. Marcel perd son travail. Il quitte la région. Jacques, lui, reste[2] à Lascaux.

[1] ever [2] stays

JACQUES DEVIENT EXPERT

Jacques Marsal aide les spécialistes. Il devient lui-même un expert en art préhistorique. Bientôt, il est chargé de la conservation de la grotte par le Ministère de la Culture. Le public comprend pourquoi on a fermé la grotte, mais il aimerait voir cet unique exemple d'art préhistorique. Pour satisfaire sa curiosité, on décide alors d'en faire une copie!

LASCAUX II

En 1983, on inaugure Lascaux II. Situé à proximité de la grotte, Lascaux II est la reproduction exacte de la grande salle décorée de taureaux. Ces peintures-là ne risquent rien. En même temps, on a restauré la grotte originale. Seuls certains experts ont la permission d'y entrer. Qui est leur guide? Jacques Marsal bien sûr!

L'AVENTURE CONTINUE...

La préhistoire est en vedette[1] dans d'autres régions de la France. En 1991, près de la ville de Marseille, un plongeur[2] trouve l'entrée d'une grotte à 120 pieds sous la mer. À l'intérieur, les murs ont plus de 100 peintures d'animaux et des dessins de mains humaines. Ils ont près de 27 000 ans: 7 000 ans de plus qu'à Lascaux!

Puis le 25 décembre 1994, à Vallon-Pont-d'Arc, on découvre les plus vieilles peintures. Elles datent d'il y a 30 000 ans! On y voit plus de 300 dessins d'ours, de mammouths, de rhinocéros, de lions et de panthères... des animaux qui n'existent plus dans le sud de la France!

[1] very popular   [2] diver

AVEZ-VOUS COMPRIS?

Complétez les phrases suivantes avec la réponse correcte.

1. Les quatre amis ont découvert la grotte…
   a. le 12 septembre 1940
   b. en juin 1962
   c. l'été 1991

2. Dans la grotte, ils ont…
   a. creusé un grand trou
   b. trouvé des dessins d'animaux
   c. dessiné un taureau géant

3. On a fermé la grotte parce que…
   a. les animaux l'ont détruite
   b. le public n'était pas intéressé
   c. les dessins étaient en danger

4. Lascaux II est…
   a. une authentique grotte préhistorique
   b. le nom de la maison de Marsal
   c. une reproduction exacte d'une partie de la grotte originale

EXPÉRIENCE PERSONNELLE

Les quatre Français du texte ont fait une découverte extraordinaire. Pensez à une découverte qu'ont faite des Américain(e)s. Faites une comparaison entre les deux. Comparez les dates, les circonstances, etc. Quels sont les résultats des deux découvertes pour l'humanité?

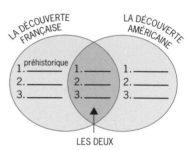

ENRICHISSEZ VOTRE VOCABULAIRE

Le temps

le futur *future*
demain *tomorrow*
après-demain *day after tomorrow*
l'année (f.)/**la semaine prochaine** *next year/week*

le passé *past*
hier *yesterday*
avant-hier *day before yesterday*
l'année (f.)/**la semaine dernière** *last year/week*

le présent *present*
aujourd'hui *today*
ce matin *this morning*
maintenant *now*

La description

la forme *shape*
carré *square*
ovale *oval*
pointu *pointed*
rectangulaire *rectangular*

rond *round*
la taille *size*
bas *low*
étroit *narrow*
grand *tall, big*

gros *big, fat*
haut *high*
large *large, wide*
petit *short, small*
solide *solid*

1 DESCRIPTIONS

À chaque objet de la Colonne A, faites correspondre la description appropriée de la Colonne B.

A	B
1. un couteau	a. petit
2. un ballon de foot	b. large
3. l'océan	c. haut
4. un ver *(worm)*	d. pointu
5. un court de tennis	e. rond
6. un vieil arbre	f. rectangulaire

2 LA LETTRE DE JACQUES

Après sa découverte, Jacques Marsal écrit à son professeur. Complétez sa lettre avec les mots appropriés.

trou	bisons
château	taureaux
pieds	grotte
murs	exploration
dessins	

le 14 septembre 1940

Monsieur,

Il est arrivé quelque chose d'incroyable. Mes copains et moi, nous avons fait une découverte extraordinaire! J'explique...

Un jour, nous avons décidé de trouver le passage secret qui mène au __1__ . Nous sommes descendus dans un __2__ sur la colline. En réalité, c'était l'entrée d'une __3__ ! Devinez ce que nous avons vu! Sur les __4__ de la grotte, on a découvert des __5__ d'animaux en couleurs! Il y avait des __6__ et des chevaux.

Nous avons continué notre __7__ . Dans une grande salle, on a trouvé des peintures de __8__ ! Le plus gros mesurait seize __9__ de haut! C'était fabuleux! Il faut que vous veniez (come) voir notre découverte!

Sincèrement,
Jacques Marsal

❸ QUE FAITES-VOUS?

Complétez les phrases en écrivant vos actions passées, présentes, et futures.

1. Hier, j'ai _____.
   Aujourd'hui, je _____.
   Demain, je vais _____.

2. La semaine dernière, j'ai _____.
   Cette semaine, je _____.
   L'année prochaine, je vais _____.

3. Avant-hier, j'ai _____.
   Ce mois-ci, je _____.
   Après-demain, je vais _____.

❹ LES MOTS AMIS

Ces adjectifs de description sont dans le puzzle.
Attention: regardez dans tous les sens pour les trouver.
N'oubliez pas qu'il n'y a pas d'accents dans les puzzles en français!

RECTANGULAIRE	SOLIDE
VIF	CARRÉ
FAIBLE	POINTU
MILLÉNAIRE	ÉTROIT
INTERDIT	INESTIMABLE
LÉGER	GROS

```
E R G C K L D F Q J F D M K
L D E L B A M I T S E N I Y
T S E E C M G J D W K F L E
S I O A L Z D H P M Q J L S
W L D E Q L B V O X E U E O
Q E Y R S L I H I D L Y N L
E G A R E O U A N R B N A I
M E K A I T R P T O I F I D
D R E C T A N G U L A I R E
X P O E T R O I T U F V E S
```

5 EXPRESSION PERSONNELLE

Quelle est votre biographie? Quand êtes-vous né(e)? Quand avez-vous commencé l'école? Quand vos frères et soeurs sont-ils nés? Faites une liste des événements importants de votre vie, puis mettez-les sur une chronologie comme celle-ci.

Je suis né(e)

1980	19___	19___	19___

6 À VOTRE TOUR

Avec un(e) partenaire, préparez et jouez les dialogues suivants.

1. Imaginez que vous êtes Jacques Marsal. Vous expliquez votre découverte à votre professeur. Il vous demande des détails.

   Rôles: Jacques Marsal, le professeur

2. Imaginez que vous êtes Marcel Ravidat. Vous avez remarqué la dégradation des peintures. En donnant des détails, vous expliquez ce que vous avez remarqué à un(e) expert(e).

   Rôles: Marcel Ravidat, l'expert(e)

Note CULTURELLE

Qui a peint la grotte de Lascaux?

Des hommes qui ont vécu *(lived)* à l'âge de la pierre, il y a plus de 20 000 ans. Ces hommes préhistoriques habitaient dans des grottes. Ils fabriquaient des outils *(tools)* de pierre et ils utilisaient le feu pour faire cuire *(to cook)* leur nourriture *(food)*.

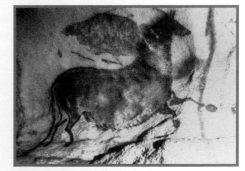

Comment ont-ils réalisé ces peintures?

Ils ont travaillé à la lumière de lampes faites en pierre. Pour faire leurs couleurs, ils ont utilisé des pigments naturels comme l'ocre qui existait en brun, rouge ou jaune. Ils ont aussi utilisé des outils en silex.

À quoi la grotte a-t-elle servi?

On pense qu'elle était une sorte de centre de réunion où on procédait à des rituels de chasse *(hunting)* ou peut-être de magie.

STRATÉGIES DE LECTURE

● Avant de lire, pensez à votre connaissance de la technologie.

● Quand vous lisez, pensez à vos amis qui font partie de chaque catégorie de personnalité.

À VOUS

Donnez votre opinion personnelle.

1 Un exemple d'appareil électronique est...

　　a. une voiture
　　b. une télévision
　　c. un vélo

2 L'informatique, c'est...

　　a. le numéro qu'on appelle pour chercher de l'information
　　b. la science des ordinateurs
　　c. l'information télévisée

3 Pour regarder une vidéocassette chez vous, vous avez besoin...

　　a. d'une télé et d'un magnétoscope
　　b. d'une caméra et d'un flash
　　c. d'un walkman et d'un CD

LECTURE 6

Êtes-vous un cadet du

cyberespace?

Êtes-vous un cadet du cyberespace? Êtes-vous passionné(e) par les nouvelles technologies? Ou avez-vous du mal à programmer votre réveil électrique? Voici comment tester votre «cyber-personnalité!» Pour chaque question, choisissez la réponse qui correspond le mieux à votre réaction ou attitude.

VOCABULAIRE

le magnétoscope En général, on trouve **le magnétoscope** près de la télévision. Cette machine permet d'enregistrer *(to record)* un film sur une cassette vidéo.

le four à micro-ondes **Le four à micro-ondes** est un petit four qui cuit *(cooks)* les plats surgelés *(frozen)* très rapidement.

la télécommande Avec **la télécommande,** on change les chaînes ou le volume de la télévision sans se lever du sofa.

le chronomètre On utilise **un chronomètre** pour compter les secondes très précisément. C'est très utile, surtout pour les athlètes qui ont besoin de savoir leurs temps lors d'une course *(race)*.

le clavier Les touches *(keys)* du **clavier** permettent de taper *(to type)* des commandes ou un texte sur l'ordinateur.

Première partie: l'électronique au quotidien[1]

1. Vous partez en vacances dimanche, mais le dernier épisode de votre émission favorite passe à la télé lundi. Que faites-vous?

- ◉ Pas de problème: vous achetez une cassette vidéo et vous programmez le magnétoscope avant de partir.

- ▪ Vous programmerez le magnétoscope si vous pouvez trouver la notice d'emploi qui explique comment faire.

- ♪ Vous hésitez. Vous appelez un copain pour lui demander d'enregistrer l'émission à votre place, ou vous décidez de rester chez vous.

2. Votre nouveau téléphone est programmable. Que faites-vous?

- ♪ Rien. Vous attendez qu'on vous appelle.

- ◉ Vous programmez immédiatement tous les numéros de vos copains—et de la pizzeria.

- ▪ Votre petit frère programme les numéros à votre place. Il trouve ça amusant!

3. On vous demande: «Que fait votre montre?» Que répondez-vous?

- ♪ «Elle donne l'heure, pourquoi?»

- ▪ «Elle donne l'heure, la date et elle fait aussi chronomètre.»

- ◉ «Elle fait tout. Elle compte, elle met la télé en marche et elle donne l'heure sur le petit cadran[2] en haut à gauche.»

4. Votre anniversaire est le mois prochain. Que rêvez-vous de recevoir en cadeau?

- ♪ un voyage au Brésil

- ◉ un ordinateur multimédia

- ▪ un jeu vidéo

5. Laquelle de ces choses est absolument nécessaire à votre survie?[3]

- ◉ une machine à calculer

- ▪ la télévision

- ♪ le téléphone

[1]daily life   [2]dial   [3]survival

1. Que veut-dire surfer sur l'Internet?

- C'est accéder au réseau[1] qui relie[2] les ordinateurs entre eux et permet de communiquer avec des personnes dans le monde entier.
- C'est une expression californienne qui a rapport avec le surf, un sport populaire dans cet état.
- On surfe sur l'Internet quand on accède au réseau informatique mondial pour y lire les différents bulletins et participer aux forums.

2. Qu'est-ce que la réalité virtuelle pour vous?

- la vie au lycée
- une illusion de la réalité créée par l'ordinateur
- une autre dimension

3. Quand vous entendez le mot «mémoire,» à quoi pensez-vous?

- aux gâteaux que votre grand-mère préparait pour le jour d'actions de grâce
- au magnétoscope que vous avez oublié de programmer
- à la capacité de stockage de votre ordinateur

4. Quels sont vos jeux favoris?

- tout ce qui se présente sous la forme d'un CD-ROM
- les simulateurs qu'on trouve dans les galeries de jeux vidéo
- le basket et le Monopoly®

5. Votre ami désire acheter un ordinateur. Comment l'aidez-vous?

- Vous lui posez des questions précises pour déterminer quelle machine correspond à son budget et à ses besoins.
- Vous le conduisez[3] au magasin.
- Vous allez avec lui au magasin où vous écoutez attentivement le vendeur pour pouvoir aider votre ami à choisir.

[1]network [2]connects [3]drive

Résultats

Comptez le nombre de vos , ■ et ♪, puis lisez
le paragraphe correspondant.

Majorité de ◎:

Vous êtes à la pointe du progrès—et en plus, vous êtes l'expert
en électronique chez vous. C'est vous qu'on appelle à l'aide quand
il faut changer l'heure des montres digitales ou programmer
le magnétoscope huit jours à l'avance. **Votre rêve:** la réalité virtuelle
chez vous. **Votre métier idéal:** programmeur ou programmeuse.

Majorité de ■:

Vous aimez l'électronique parce que c'est utile, mais vous n'êtes pas
dépendant(e) des machines. Vous préférez les relations humaines aux
technologies modernes. **Votre métier idéal:** les métiers de la santé[1]
où vous pourrez combiner les relations humaines avec l'usage de
machines utilitaires comme le scanner ou le laser.

Majorité de ♪:

Apprendre le fonctionnement des appareils électroniques ne vous
intéresse pas du tout. Vous préférez les choses simples et naturelles
aux gadgets. Vous pensez qu'il est plus rapide et plus simple d'utiliser
un papier et un stylo qu'un ordinateur! **La réalité:** vous êtes totalement
cyber-allergique! **Votre métier idéal:** tous les métiers de la nature,
comme gardien(ne) dans un parc national ou horticulteur (horticultrice).

[1] health

À Noter

La calculatrice n'est pas une invention récente. L'une
des premières machines à calculer date du 17e siècle.
Elle est la création d'un Français appelé Blaise Pascal.
Blaise Pascal (1623-1662) est un jeune génie. À douze ans,
il apprend la géométrie de lui-même et à seize ans, il écrit
un essai mathématique. Puis, en 1642, à dix-neuf ans, il invente
une machine à calculer pour aider son père. La machine de
Pascal fonctionne à l'aide de rouages (gears), d'un cylindre
et d'un stylet (stylus). Son principe est encore utilisé aujourd'hui.

AVEZ-VOUS COMPRIS?

1. Si vous êtes à la pointe du progrès, ça veut dire que vous...
   a. adorez la technologie et que vous connaissez bien les machines
   b. préférez les choses simples et naturelles
   c. savez programmer le magnétoscope

2. Si vous êtes passionné(e) par l'informatique, ça veut dire...
   a. que vous n'utilisez que les ordinateurs très sophistiqués
   b. que vous n'êtes pas intimidé(e) par les appareils électroniques
   c. que vous passez beaucoup de temps à jouer aux jeux vidéo

3. Les personnes qui ne s'intéressent pas à la technologie...
   a. ne regardent jamais la télé
   b. n'achètent jamais de gadgets électroniques
   c. possèdent beaucoup de jeux vidéo

EXPÉRIENCE PERSONNELLE

Quel est votre appareil électronique favori? Est-ce qu'il fonctionne correctement tout le temps ou non? Décrivez le pour et le contre de votre appareil préféré en utilisant un diagramme.

Votre appareil électronique	
le pour	le contre

ENRICHISSEZ VOTRE VOCABULAIRE

brancher to plug in
allumer to turn on, to switch on
éteindre to turn off, to switch off
le magnétoscope VCR
le caméscope camcorder
la console de jeux vidéo video game system
le téléphone sans fil cordless phone
le téléphone cellulaire cellular phone
le répondeur answering machine
le lecteur de disques compacts (de CDs)
  CD player
le baladeur walkman
le radio-réveil radio alarm clock
la calculatrice calculator
l'ordinateur (m.) computer

le micro-ordinateur personal computer
le portable portable computer
l'écran (m.) screen
le clavier keyboard
la souris mouse
la disquette diskette
le lecteur de CD-ROM CD-ROM drive
le logiciel software
le traitement de texte word processing
la manette de jeux joystick
l'imprimante (f.) printer
être branché(e) to be trendy, to be "with it"
être branché(e) sur to be interested in
brancher quelqu'un sur quelque chose
  to get someone interested in something

Activité

1 QUEL APPAREIL?

Chaque mot de vocabulaire à
droite correspond avec l'un
des trois appareils au-dessous.
Choisissez l'appareil approprié.

le magnétoscope	la souris
la console de jeux vidéo	la télécommande
le clavier	l'imprimante
le répondeur	

Activité

2 UN MOTS CROISÉS BRANCHÉ

Aidez-vous du texte et des définitions
pour compléter ce mots croisés.
(**Note:** Il n'y a pas d'accents dans
les mots croisés.)

HORIZONTALEMENT

3. Genre de relations que préfère une personne
   qui a une majorité de 🖫
4. Partie de l'ordinateur sur laquelle on tape
   les commandes ou le texte
6. On appelle ainsi une machine qui utilise
   plusieurs médias
9. Métier idéal du cyber-punk
10. Petit accessoire attaché à l'ordinateur pour cliquer sur les icônes

VERTICALEMENT

1. Catégorie de métiers adaptés aux personnes qui ont une
   majorité de 🖫
2. Partie d'une montre où on peut lire l'heure
3. Métier idéal pour quelqu'un qui a une majorité de ♪🖫
5. Nom du réseau international qui permet aux gens de communiquer entre eux par ordinateur
7. Support de jeu vidéo pour l'ordinateur
8. Capacité de l'ordinateur qui lui permet de se souvenir de ses programmes

Activité 3 LES APPAREILS UTILITAIRES

Lisez chaque situation et dites quel appareil vous allez utiliser.

A. C'est l'anniversaire de votre petite soeur. Elle a quatre ans. Vous voulez filmer cet important événement familial. Votre mère vous dit: «Allez chercher le _____.»

B. Vous attendez un coup de téléphone, mais vous ne savez pas quand on va vous appeler. Vous décidez de prendre une douche. Bien sûr, le téléphone sonne quand vous avez plein de shampooing sur la tête. Vous vous dites: «Heureusement que j'ai un _____.»

C. Vous avez envie de faire du jogging. Mais pas question de courir sans musique. Avant de partir, vous prenez votre _____.

D. Votre petit frère est en retard tous les matins. Il dit qu'il ne vous entend pas quand vous l'appelez. C'est décidé, vous allez lui acheter un _____.

Activité 4 EXPRESSION PERSONNELLE

Avec un(e) partenaire choisissez deux inventions technologiques qui sont particulièrement utiles. En utilisant les modèles donnés, écrivez les caractéristiques de chaque invention. Notez les meilleures caractéristiques de chacune pour inventer un nouvel appareil que vous noterez dans votre cahier. Cataloguez les inventions de toute la classe.

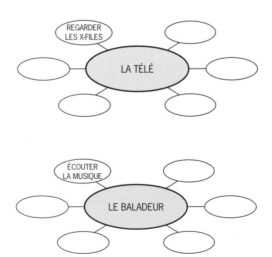

Pour chaque question, choisissez la réponse qui exprime le mieux votre opinion personnelle. Expliquez votre choix avec au moins trois phrases.

1. **Un test de personnalité peut-il vous aider à déterminer quel métier choisir?**
   - Oui, car cela révèle certains aspects de la personnalité qu'on ignorait peut-être.
   - Non, les tests sont en général trop vagues pour déterminer une réponse exacte et personnelle.
   - Cela dépend, un test peut donner de nouvelles idées.

2. **Est-il indispensable aujourd'hui d'avoir un ordinateur à la maison?**
   - Pas du tout. D'ailleurs *(besides)* beaucoup de personnes l'utilisent comme une console de jeux, c'est tout.
   - C'est utile pour les étudiants car c'est un outil *(tool)* éducatif et de recherche *(research)*.
   - Non, mais c'est intéressant car toute la famille peut l'utiliser pour apprendre, travailler ou jouer.

Notes CULTURELLES

La France a des puces *(fleas)*!
La puce est le nom d'un petit insecte ennemi du chien. C'est aussi le nom des microprocesseurs *(microchips)* en France. La France est un pays très avancé en ce qui concerne les technologies nouvelles.

- Il y a **le Minitel,** le réseau *(network)* en-ligne français. Le Minitel est un terminal d'ordinateur branché sur le téléphone. Grâce à cette machine on accède à de multiples services: réservations et achats de billets de train ou d'avion, programmes de spectacles, annuaires *(phone books)*, messageries *(E-mail)*, etc. Les Français utilisent leur Minitel depuis 1983.

- Il y a aussi ce que l'on appelle les «cartes à puce.» Ce sont des sortes de cartes de crédit équipées d'un microprocesseur. Ces cartes sont dites intelligentes car leur puce leur permet de garder des données *(data)* en mémoire.

LECTURE 7

Deux champions
nord-africains

STRATÉGIES DE LECTURE

- Quels pays font partie de l'Afrique du Nord?

- Regardez les photos et les illustrations. Elles aident à comprendre le texte.

À VOUS

Donnez votre opinion personnelle.

1 Un(e) champion(ne) est un(e) athlète qui...

   a. chante souvent
   b. perd souvent
   c. gagne souvent

2 ...est un pays nord-africain.

   a. L'Algérie
   b. L'Angola
   c. Le Kenya

3 Un(e) athlète qui se présente aux Jeux Olympiques désire gagner...d'or.

   a. une montre
   b. une bague
   c. une médaille

EUROPE

AFRIQUE

ALGÉRIE

OCÉAN
ATLANTIQUE

Un double exploit

Tokyo 1991: Pour la première fois deux athlètes algériens gagnent une médaille d'or. C'est aussi la première fois qu'un même pays gagne le championnat pour hommes et pour femmes. Noureddine Morceli et Hassiba Boulmerka ont accompli cet exploit. Le succès est-il venu facilement? Pas vraiment!

VOCABULAIRE

le coureur/la coureuse Quelqu'un qui court *(runs)* pour faire du sport ou des compétitions est **un coureur**.

le détenteur/la détentrice Un champion qui obtient le titre du meilleur athlète est **le détenteur** de ce titre. La championne à qui appartient le record du monde est **la détentrice** de ce record.

l'entraîneur L'**entraîneur** est la personne qui conseille et guide l'athlète pour qu'il obtienne de meilleures performances lors des compétitions. **L'entraîneur** décide du programme d'exercices de l'athlète.

la course Une compétition où l'on détermine qui court le plus vite est **une course**. Il y a des **courses** à pied de 400, 800 et 1 500 mètres.

le vainqueur Le **vainqueur** est la personne qui gagne une compétition. **Le vainqueur** est victorieux.

Une famille sportive

Noureddine Morceli vient d'unc famille de
coureurs. Lui aussi, il adore courir. Comme
sa famille habite au bord de la mer Méditerranée,
il va souvent à la plage où il court sur le sable.[1]
Il décide de devenir champion comme son frère.

Un bon entraînement

«On m'a toujours appris qu'il faut bouger[2]
si on veut quelque chose, qu'il ne faut pas
rester assis à attendre,» dit Noureddine. Aussi,
il réalise que pour devenir champion du monde, il doit
travailler dur. «J'ai fait ma première course à douze ans,»
se souvient-il. Il était arrivé quatrième, totalement épuisé.[3] Cette
course lui avait fait comprendre l'importance d'un bon entraînement.
En Algérie, il y a des stades, bien sûr, mais pour devenir champion
du monde, Noureddine doit s'entraîner sur de bonnes pistes.[4]
Par conséquent, il part étudier en Californie à l'âge de dix-huit ans.
C'est une bonne idée car deux ans plus tard, à vingt ans, il est classé
premier dans le monde!

Noureddine Morceli

Un frère sportif – La tradition continue

À présent, Noureddine Morceli continue à s'entraîner en Algérie
et dans d'autres pays. Quand il est en Algérie, il court avec son jeune
frère Ali qui, lui aussi, veut devenir champion. Ils courent dans
une forêt de pins. C'est un stade naturel pour un athlète naturel.

[1]sand   [2]to move   [3]exhausted   [4]tracks

Le choix d'Hassiba

Hassiba Boulmerka

Dès[1] le début de sa carrière, Hassiba Boulmerka est encouragée par sa famille. Elle commence à courir au lycée. En Algérie, les filles ont le droit de participer à des compétitions d'athlétisme au lycée, mais elles abandonnent généralement le sport à la fin de leurs études. Pour courir, les filles portent des pantalons et des manches longues. Par tradition, les femmes algériennes ne sortent pas les bras et les jambes nus.[2] Hassiba gagne plusieurs championnats. Mais elle découvre que si elle désire entrer en compétition avec les plus grandes championnes, elle ne va pas pouvoir continuer à respecter cette tradition. Elle doit abandonner le pantalon et les manches longues au profit d'un short et d'un tee-shirt. Cela crée quelques problèmes. Certaines personnes, très traditionnelles, n'approuvent pas son costume de sport. Cela fait de la peine[3] à Hassiba, mais elle ne renonce pas à courir.

L'entraînement

«On ne peut pas devenir champion en une semaine ou en un an,» dit-elle. Il faut accepter de souffrir.[4] Et de s'entraîner. Pour cela, Hassiba, qui vient d'une petite ville dans les montagnes de l'Atlas, part habiter à Alger, la capitale. Elle travaille beaucoup: entre quatre et huit heures d'entraînement par jour. Elle s'entraîne aussi en France, à Cuba et en Allemagne où elle peut mieux se concentrer sur son sport.

Un symbole pour tous

Hassiba continue la compétition. Plus qu'une athlète, elle devient un symbole. Hassiba a d'autres projets. Elle voudrait[5] aider ceux qui n'ont pas eu sa chance. Elle aimerait organiser un centre d'aide aux personnes handicapées ou aider les victimes de la drogue[6] à se désintoxiquer. Elle dit: «Courir est quelque chose de naturel. Vous essayez d'être vous-même. Vous devez faire ce que votre coeur vous dit.» Même si certains pensent que c'est contraire aux traditions.

[1]from   [2]bare   [3]hurts   [4]to suffer   [5]would like   [6]drug

Deux champions

Entre-temps, Noureddine Morceli et Hassiba Boulmerka ont chacun reçu la médaille du mérite, la plus haute distinction algérienne. C'est une récompense[1] qu'ils ont ajoutée à leurs médailles d'or des Jeux Olympiques et à celles des championnats du monde.

De bons exemples

Noureddine Morceli et Hassiba Boulmerka ont réalisé leur rêve d'être champion. La persévérance est une des clés de leur succès. Ils ont su[2] surmonter[3] les obstacles et donner le meilleur d'eux-mêmes. C'est souvent essentiel de braver[4] les traditions comme Hassiba. Ces deux athlètes prouvent qu'il est important de ne pas abandonner ses rêves sans au moins essayer.

[1]reward   [2]knew   [3]to overcome   [4]defy

AVEZ-VOUS COMPRIS?

Dites si les phrases suivantes sont vraies ou fausses. Si elles sont fausses, donnez la réponse correcte.

1. Ce texte présente deux athlètes marocains.
2. Hassiba Boulmerka et Noureddine Morceli sont champions de natation.
3. Hassiba vient d'une famille de coureurs.
4. Noureddine est parti étudier aux États-Unis.
5. Hassiba et Noureddine ont reçu la médaille algérienne la plus importante.

EXPÉRIENCE PERSONNELLE

Maintenant vous connaissez un peu les vies d'Hassiba Boulmerka et de Noureddine Morceli. Utilisez ce diagramme pour comparer vos points communs et vos différences.

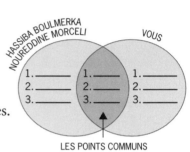

HASSIBA BOULMERKA NOUREDDINE MORCELI

VOUS

1. _____
2. _____
3. _____

1. _____
2. _____
3. _____

1. _____
2. _____
3. _____

LES POINTS COMMUNS

ENRICHISSEZ VOTRE VOCABULAIRE

un(e) athlète *athlete*
champion(ne) du monde
 world champion
une équipe *team*
l'entraînement *(m.) training*
le maillot *jersey*
le short *shorts*
une place *place*
la finale *final*
le championnat du monde
 world championship
le/la gagnant(e) *winner*
le/la perdant(e) *loser*
la défaite *defeat*
une coupe *cup*
un exploit *feat*
une médaille d'or *gold medal*
 d'argent *silver* / **de bronze** *bronze*
une compétition sportive
 sporting event
un stade *stadium*

la piste *track*
un supporter *fan, supporter*
les gradins *(m.) bleachers*
battre le record du monde
 to beat the world record
courir *to run*
encourager *to encourage*
monter sur le podium
 to climb on the podium
participer à
 to participate in
pratiquer un sport
 to practice a sport
se qualifier *to qualify*
remporter la victoire *to win*

courir
je **cours**
tu **cours**
il/elle/on **court**
nous **courons**
vous **courez**
ils/elles **courent**

Quelques Expressions...

courir sa chance *to try one's luck*
courir un danger *to be in danger*
courir à toutes jambes *to run away very fast*

① AU STADE

C'est la finale du championnat aujourd'hui. Qui est là? Pour chaque personne de la Colonne A, trouvez la définition correspondante dans la Colonne B.

A	B
1. l'entraîneur	a. ne gagne pas la compétition
2. le vainqueur	b. participe à des compétitions sportives
3. l'athlète	c. décide du programme d'exercices de l'athlète
4. le supporter	d. encourage son athlète favori(te)
5. le perdant	e. gagne la compétition

② LE CHAMPIONNAT

Pour savoir ce qui se passe pendant la compétition, choisissez le mot correct donné entre parenthèses.

1. Djeneba Lapiquonne est algérienne. Le nom _____ (**Algérie/Angola**) est écrit sur son maillot.

2. M. et Mme Lapiquonne sont assis sur les gradins d'où ils regardent leur fille. Ce sont _____ (**les coureurs/les supporters**) de Djeneba.

3. Djeneba a couru *(ran)* plus vite que les autres coureuses. C'est elle _____ (**la gagnante/la perdante**).

4. Pour recevoir _____ (**la course/la coupe**), Djeneba monte sur _____ (**la piste/le podium**).

5. Magali a la troisième place. Elle reçoit une médaille _____ (**de bronze/d'argent**).

❸ QUE FONT-ILS?

Décrivez ce que les personnes suivantes font en complétant
les phrases avec un mot approprié d'**ENRICHISSEZ VOTRE VOCABULAIRE**.

1. Corinne et Éric ont peur des chiens. Ils voient un gros chien
   approcher d'eux. Ils _____ à toutes jambes dans l'autre direction.

2. Jérôme est arrivé deuxième au championnat. Maintenant, il _____
   sur le podium pour recevoir la médaille d'argent.

3. Émilie participe à une course. Elle arrive en premier. C'est elle qui
   _____ la victoire. Elle a gagné!

4. Avec votre ami Jean, vous assistez à *(go to)* tous les matchs de votre
   équipe préférée. Vous _____ vos joueurs favoris.

5. Puisque *(since)* nous sommes athlètes, nous _____ à des
   compétitions sportives.

6. Est-ce que tu vas _____ ta chance à ce jeu?

❹ LE STADE MAROCAIN

Lisez cette annonce publiée dans
le journal marocain «Le Matin
du Sahara et du Maghreb» puis
répondez aux questions.

*Le Stade Marocain organise
la 22ème édition du festival
«Feu Haj Jilali El Oufir»
de cross-country*

Le 8 janvier, Le Stade Marocain
organise le 22ème festival
national «Feu Haj Jilali El
Oufir» de cross-country. Ce
festival a lieu à l'hippodrome
Souissi de Rabat. Cette
manifestation est organisée avec
l'aide de la Fédération Royale
Marocaine d'Athlétisme. Les
participants ont fait partie des
compétitions du Grand Prix
national de cross-country de
l'année sportive 1997–1998.

1. Qu'est-ce que cet article annonce?
2. Comment s'appelle le festival?
3. Quand est-ce que ce festival a lieu? Où?
4. Qui aide à organiser ce festival?
5. Quels athlètes vont participer à cette compétition?

5 À VOTRE TOUR

Imaginez que vous êtes dans l'une des situations suivantes. Puis dites
si vous êtes d'accord ou non avec ce que Noureddine ou Hassiba dit.
Expliquez votre opinion. Discutez vos réponses avec votre partenaire.

a. Vous désirez faire partie d'une équipe sportive à votre école. Vous
savez que vous êtes bon à ce sport, mais vous hésitez à participer
aux essais *(try-outs)*. Noureddine dit que «si on veut quelque chose,
il ne faut pas rester assis à attendre.» Qu'en pensez-vous?

b. Vous adorez un sport particulier, mais vos parents préfèrent que
vous choisissiez un autre sport. Hassiba dit que «vous devez faire
ce que votre coeur vous dit.» Est-ce que vous suivez *(follow)* ses
conseils? Pourquoi?

6 EXPRESSION PERSONNELLE

Choisissez un événement sportif qui va avoir lieu *(to take place)*
à votre école. En utilisant un organigramme, donnez les
renseignements nécessaires (la date, l'heure, le lieu, les athlètes, etc.).
Puis préparez votre annonce sur l'ordinateur et lisez-la à la classe.

Note CULTURELLE

Le Maghreb est une région francophone en Afrique
du Nord. L'Algérie, le Maroc et la Tunisie forment
ce que l'on appelle le Maghreb. On parle arabe
et français dans ces pays car c'étaient des colonies
françaises. C'est aujourd'hui une destination touristique
populaire à cause des plages et du désert. Dans
les marchés, appelés «les souks,» on peut acheter
des produits artisanaux *(crafts)* comme des tapis,
des bijoux en argent, des objets en cuir *(leather)*,
en cuivre *(copper)* ou en bois.

Deux champions nord-africains • **57**

STRATÉGIES DE LECTURE

- Essayez de comprendre le plus possible de mots français sans utiliser votre dictionnaire.

- Utilisez le contexte pour mieux comprendre le sens des mots difficiles.

À VOUS

Donnez votre opinion personnelle.

1 La pomme de terre est...

    a. un légume
    b. un poisson
    c. une viande

2 On fait...avec des pommes de terre.

    a. de la salade de fruits
    b. des bonbons
    c. des frites

3 Le Chili se trouve...

    a. au Canada
    b. en Amérique du Sud
    c. en Guadeloupe

LECTURE 8

La pomme de terre:
Un produit miracle!

Combien de fois par semaine mangez-vous des pommes de terre? Probablement plusieurs fois. Vous n'êtes pas seul(e). La pomme de terre est l'un des légumes les plus populaires au monde. On mange des pommes de terre dans plus de cent trente pays. C'est un produit miracle qui a une grande valeur nutritionnelle et qui a joué un rôle dans l'évolution du monde. Lequel? Lisez ce texte pour découvrir l'histoire mouvementée[1] de la pomme de terre.

[1]eventful

VOCABULAIRE

le légume   Un **légume** est une plante qu'on mange. Les carottes, les haricots verts et les pommes de terre sont des **légumes**.

cultiver   Le fermier **cultive** la terre *(soil)* pour produire des légumes ou du blé *(wheat)*.

nourrir   Quand on donne à manger à une personne, on la **nourrit**. La mère **nourrit** le bébé avec du lait.

la nourriture   Ce qu'on mange pour se nourrir s'appelle **la nourriture**. Les légumes et la viande sont notre **nourriture**.

le champ   Le **champ** est la surface que le fermier cultive. En Pennsylvanie, il y a de grands **champs** de blé.

Une longue histoire

Il y a 10 000 ans, on cultive déjà la pomme de terre au Chili, en Amérique du Sud. Plus tard, les Incas l'utilisent pour nourrir leurs armées. Les Incas aiment aussi décorer leurs poteries avec des dessins de pommes de terre.

Au 16ᵉ siècle, un Espagnol arrive en Amérique latine. Il s'appelle Francisco Pizarro. En 1533, Pizarro présente un légume inconnu au roi d'Espagne: la pomme de terre. C'est une curiosité qu'il a trouvée chez les Incas. En 1540, le Pape Paul III donne quelques plantes à un Français.

Des débuts difficiles

Raoul Combes, un naturaliste français, déclare en 1749: «La pomme de terre est le pire de tous les légumes.» L'auteur Brillat-Savarin dira plus tard: «J'apprécie la pomme de terre uniquement comme protection contre la famine. À part cela, je ne connais rien de plus fade.[1]»

Un pharmacien déterminé

Antoine Parmentier, un pharmacien, a été prisonnier de guerre en Allemagne pendant sept ans. Il a survécu en mangeant des pommes de terre presque[2] tous les jours. De retour en France, il décide de faire adopter la pomme de terre. Pour lui, c'est une solution à la famine.

Comment faire? Parmentier a une idée. Il vient offrir un bouquet de fleurs de pommes de terre au roi Louis XVI et à la reine Marie-Antoinette. Les jolies fleurs blanches plaisent à la reine. La cour se passionne pour ces fleurs, mais pas pour le légume. Parmentier prépare alors un grand repas pour le roi. Il y sert plus de vingt plats différents de pommes de terre. Le roi aime. C'est un succès pour Parmentier.

la reine Marie-Antoinette

[1]bland [2]nearly

Une ruse

En 1787, la famine menace. C'est l'occasion de faire adopter le légume. Parmentier décide d'employer une ruse pour attirer[1] l'attention. Il obtient du roi une acre de terre pauvre dans la plaine des Sablons, près de Paris. Il y plante des pommes de terre. Toute la journée, le champ est gardé par les soldats du roi. Cela attire les curieux. Ils se posent des questions: «Qu'est-ce qui est si précieux qui nécessite d'être gardé de la sorte? Cela doit être une culture spéciale de grande valeur.» Ils remarquent que les soldats ne sont pas là la nuit. Alors, vite, ils en profitent pour voler[2] les pommes de terre! C'est ce que désire Parmentier. Sa ruse fonctionne! Les Parisiens, victimes de leur curiosité, découvrent la pomme de terre malgré[3] eux!

Une culture facile

La pomme de terre est facile à cultiver. Elle n'est pas sensible aux conditions météorologiques. Elle peut résister aux tempêtes, contrairement au blé. De plus, une acre de pommes de terre peut nourrir cinq fois plus de personnes qu'une acre de blé!

Ils aiment les frites

Benjamin Franklin et Thomas Jefferson ont mangé des pommes de terre pour la première fois en France. Comme beaucoup de monde, ils aiment particulièrement les pommes frites. Devenu président des États-Unis, Jefferson sert des pommes de terre aux repas officiels à la Maison-Blanche!

Le légume du futur

La pomme de terre est aussi un légume d'avenir. Au Pérou, les biologistes du Centre International de la Pomme de Terre font des recherches pour trouver des espèces[4] nouvelles ou plus résistantes. Ils considèrent que la pomme de terre est la solution au problème de la faim dans le monde. La NASA aussi s'intéresse à la pomme de terre. Elle veut essayer de cultiver des plantes dans l'espace.

On va manger des frites!

Café KLEBER

Plat du Jour

Faux Filet frites	65F
Steack frites	46F
Hamburger frites	48F
assiette Midinette - Thon	38F
Anglaise	46F
Viande froide	49F
Saucisse frites	38F
Pizza - Quiche	38F
Hot dog	27F
Croque Monsieur	27F
Omelette mixte	39F

Prix Service Compris (15%)

---

[1]to attract   [2]to steal   [3]in spite of   [4]species

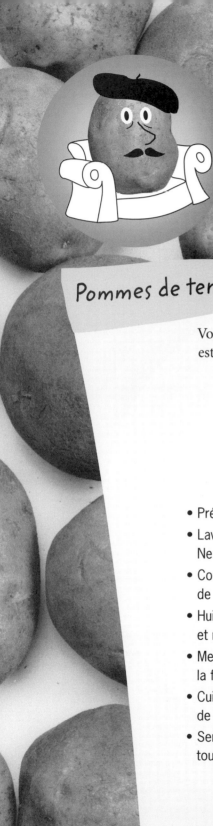

Et il ne faut pas oublier une nouvelle espèce: la pomme de terre de canapé. Son snack favori? Les chips!

Pommes de terre en robe des champs

Voici une recette française de pommes de terre. Elle est très simple à réaliser et le résultat est délicieux.

Ingrédients (pour 6 personnes)
2 livres de pommes de terre
1 cuillère à soupe de cumin
2 cuillères à soupe d'huile
poivre/sel (à volonté)

- Préchauffez *(preheat)* le four à 180°C (360°F).
- Lavez les pommes de terre. Puis essuyez-les. Ne les épluchez pas.
- Coupez les pommes de terre en deux dans le sens de la longueur *(length)*.
- Huilez légèrement les pommes de terre. Salez, poivrez et mettez un peu de cumin sur chacune *(each one)*.
- Mettez les pommes de terre sur une plaque à four, la face coupée au-dessus.
- Cuisez au four 50 minutes ou jusqu'à ce que les pommes de terre soient *(are)* tendres sous la pointe d'un couteau.
- Servez chaud, avec de la mayonnaise, du ketchup ou toute autre sauce que vous aimez.

AVEZ-VOUS COMPRIS?

Utilisez le texte pour trouver la réponse correcte.

1. Francisco Pizarro a trouvé la pomme de terre chez les…
   a. Aztèques   b. Incas   c. Espagnols

2. Antoine Parmentier a offert un bouquet de fleurs de pommes de terre…
   a. au Pape Paul III   b. à Marie-Antoinette   c. à Benjamin Franklin

3. La NASA fait des recherches pour…des pommes de terre dans l'espace.
   a. manger   b. cuire   c. cultiver

4. …a dit: «La pomme de terre est le pire de tous les légumes.»
   a. Brillat-Savarin   b. Thomas Jefferson   c. Raoul Combes

EXPÉRIENCE PERSONNELLE

Vous venez de lire une recette pour les pommes de terre. Qu'est-ce que vous aimeriez *(would like)* manger avec cette recette? Écrivez vos préférences dans un diagramme.

ENRICHISSEZ VOTRE VOCABULAIRE

C'est facile de rester en bonne santé! D'abord, il faut manger correctement. Regardez cette pyramide des groupes alimentaires.

les matières (f.) **grasses** *fats*
les huiles (f.) *oils*
les sucreries (f.) *sweets*
À CONSOMMER MODÉRÉMENT

le lait *milk*
le fromage *cheese*
le yaourt *yogurt*
ENTRE 2 ET 4 PORTIONS PAR JOUR

le poisson *fish*   **les haricots** (m.) *beans*
la viande *meat*   **les oeufs** (m.) *eggs*
la volaille *poultry*   **les noix** (f.) *nuts*
ENTRE 2 ET 3 PORTIONS PAR JOUR

les légumes (m.) *vegetables*
ENTRE 3 ET 5 PORTIONS PAR JOUR

les fruits *fruits*
ENTRE 2 ET 3 PORTIONS PAR JOUR

le pain *bread*   **le riz** *rice*
les céréales (f.) *cereals/grains*
les pâtes (f.) *pasta*
ENTRE 6 ET 11 PORTIONS PAR JOUR

Activité 1 — EN BONNE SANTÉ

Chaque aliment de la Colonne A représente un groupe alimentaire. Combien de portions de chaque groupe est-ce qu'il faut manger par jour? Faites correspondre les aliments de la Colonne A avec les portions appropriées de la Colonne B.

A	B
1. les légumes	a. 6-11
2. le riz	b. à consommer modérément
3. les huiles	c. 2-4
4. les oeufs	d. 3-5
5. le lait	e. 2-3

Activité 2 — MOTS CROISÉS

Aidez vous du texte pour trouver les mots correspondants aux définitions.
(**Attention:** on n'écrit pas les accents dans les mots croisés français.)

HORIZONTALEMENT

5. C'est le sujet de ce chapitre (3 mots)
6. Nom du président américain qui a découvert les frites en France
8. Ils utilisaient des pommes de terre pour décorer leurs poteries
10. Ce problème apparaît quand il n'y a rien à manger
12. Ils ont gardé un champ près de Paris pour attirer l'attention des curieux en 1787
14. La fleur de pomme de terre est de cette couleur

VERTICALEMENT

1. Profession de Parmentier
2. Un des plats préférés de Benjamin Franklin (2 mots)
3. Ce qu'a employé Parmentier pour faire adopter la pomme de terre
4. Dans ce pays, il y a un centre international de recherches sur la pomme de terre
7. Cette agence américaine veut cultiver des pommes de terre dans l'espace
9. Pays d'Amérique du Sud d'où vient la pomme de terre
11. Pays d'où vient Francisco Pizarro
13. Prénom de Parmentier

Pour chaque question, choisissez la réponse qui correspond le mieux à votre opinion personnelle. Expliquez votre choix.

1. Pourquoi Francisco Pizarro ramène-t-il *(brings back)* des pommes de terre au roi d'Espagne?

   a. Parce qu'il pense que c'est un cadeau original.

   b. Parce qu'il veut les cultiver en Espagne.

   c. Parce que c'est un nouveau légume qu'il a goûté *(tasted)* en Amérique du Sud.

2. Est-ce qu'Antoine Parmentier a raison d'insister pour faire adopter la pomme de terre?

   a. Oui, parce que les Français n'ont généralement pas assez à manger.

   b. Non, parce qu'il y a d'autres légumes à manger.

   c. Oui, parce que les pommes de terre sont faciles à cultiver.

3. Pourquoi est-ce que les Parisiens volent *(steal)* les pommes de terre plantées par Parmentier?

   a. Parce qu'ils pensent qu'elles ont beaucoup de valeur *(worth)*.

   b. Parce qu'ils ont faim.

   c. Parce qu'ils sont curieux et veulent savoir ce qui est planté.

4. La culture de la pomme de terre est-elle nécessaire aujourd'hui?

   a. Oui, parce que c'est un légume qui est facile à cultiver et très nourrissant.

   b. Pas nécessairement. Il existe beaucoup d'autres légumes et céréales.

   c. Non, parce que la famine n'existe plus aujourd'hui.

5. Est-ce que l'augmentation de la population va créer des problèmes?

   a. Non, car on va cultiver plus pour avoir plus de nourriture.

   b. Oui, parce que les ressources naturelles sont limitées.

   c. Non, pas si on anticipe les problèmes et leurs solutions.

Activité 4 À VOTRE TOUR

Chaque élève de la classe va trouver une recette française. S'il y a un restaurant français dans votre ville, allez-y et renseignez-vous sur ses spécialités. Comme projet de classe, créez un livre de recettes *(cookbook)* françaises!

Activité 5 EXPRESSION PERSONNELLE

Vous avez déjà choisi une recette pour *À Votre Tour.* En utilisant le modèle donné, écrivez toutes les étapes *(steps)* nécessaires pour préparer cette recette. Est-ce que vous connaissez le nom de chaque ingrédient en français? Si non, cherchez-le dans le dictionnaire. Relisez la recette des *Pommes de terre en robe des champs* à la page 61 pour vous aider. N'oubliez pas d'inclure une photo ou une illustration de votre plat. Si vous le désirez, préparez votre plat pour la classe. Bon appétit!

Rappel:	
couper to cut	**poivrer** to pepper
cuire to cook, to bake	**remuer** to stir
éplucher to peel	**saler** to salt
mélanger to mix	**servir** to serve

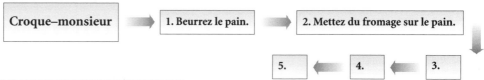

Croque–monsieur → 1. Beurrez le pain. → 2. Mettez du fromage sur le pain.

5. ← 4. ← 3.

Note CULTURELLE

Il existe plus de 1 600 variétés de pommes de terre. Au point de vue nutritionnel, la pomme de terre est idéale. Elle est riche en vitamines B et C, en potassium, magnésium et fer. De plus, elle contient très peu de matières grasses. La plus grosse pomme de terre est anglaise et pèse *(weighs)* sept livres. La plus chère est française et coûte environ vingt-cinq dollars la livre. Les pommes de terre ont inspiré les artistes comme les peintres Vincent Van Gogh *(Les Mangeurs de pommes de terre)* et Jean-François Millet *(Les Planteurs de pommes de terre).* Si vous voulez tout savoir sur les pommes de terre, contactez le **Prince Edward Island Potato Museum, 22 Parkview Drive, O'Leary, P.E.I., COB 1VO.**

ÊTES-VOUS VERT ?

VERT

STRATÉGIES DE LECTURE

● Faites attention aux différentes réponses des quatre jeunes Français.

● Ce test de personnalité a pour sujet l'écologie. Lisez bien chaque question et chaque réponse avant de répondre.

À VOUS

Donnez votre opinion personnelle.

1 La pollution est un problème…

   a. peu sérieux
   b. assez sérieux
   c. très grave

2 Les écologistes détestent…

   a. le papier
   b. la Terre
   c. le plastique

3 En France, le parti écologique est très concerné par…

   a. l'éducation
   b. le recyclage
   c. le sport

Est-ce que l'écologie vous concerne?
Quel est le problème écologique le plus sérieux? Comment êtes-vous écologiste?
Quatre jeunes Français de la ville de Bordeaux répondent à ces questions.

VOCABULAIRE

les transports en commun (m.) Le bus, le train et le métro sont des **transports en commun**. Il est recommandé d'utiliser les **transports en commun** pour réduire (to reduce) le nombre de voitures en ville.

la zone piétonnière En France, il y a des rues dans les centres-villes qui sont interdites aux voitures. Ces rues réservées aux piétons (pedestrians) forment **la zone piétonnière.**

le détritus Les débris inutilisables forment des **détritus.** Les matières plastiques forment des **détritus** qui ne sont pas biodégradables.

polluer Une usine (factory) qui crée de la pollution **pollue** l'environnement. Les voitures **polluent** beaucoup l'atmosphère des villes.

la poubelle Une **poubelle** est un container spécial pour mettre les détritus et les déchets (waste) de toutes sortes. Maintenant, il y a des **poubelles** pour le recyclage réservées au verre ou au plastique.

Sylvie, 16 ans:

Oui, je suis concernée. Pour moi, le problème le plus important est la pollution causée par les voitures en ville. Les solutions sont multiples: créer plus de transports en commun, augmenter le nombre de zones piétonnières et faire comme en Angleterre où les parkings sont à l'extérieur des centres-villes.

Moi, j'incite mes parents à acheter des produits écologiques. Je recycle aussi le maximum de choses et je prends le bus!

Stéphane, 17 ans:

Je suis concerné par certains aspects du problème, mais pas au point de militer.[1] Je sais que c'est un sujet important, mais peut-être que je me sens simplement dépassé[2] par la gravité de la situation! Il y a de la pollution sous toutes les formes: voitures, industries, déchets radioactifs, détritus.

Moi, j'essaie de ne pas polluer. Cela se traduit par de petits gestes quotidiens: ne pas jeter de papiers ou de détritus dans la nature, mettre les bouteilles vides dans les containers spéciaux... Si je peux limiter les dégâts,[3] c'est déjà bien!

Jeanne, 18 ans:

Je suis un peu concernée par l'écologie, comme tout le monde je crois, mais je ne suis pas réellement écologiste. Ce qui me fait peur, c'est l'effet de serre.[4] Il ne faut absolument pas utiliser d'aérosols. Cela préserve la couche[5] d'ozone.

Marc, 18 ans:

Je suis très préoccupé par l'écologie. Ce qui me fait peur, c'est la quantité de choses qui polluent et qui s'accumulent sur notre planète. Qu'en faire? On ne peut pas aller au bord de la Terre et jeter tout ça dans le vide!

Je ne suis pas membre du parti politique vert, mais je fais des efforts: je prends toujours ma bicyclette, par exemple. En France, on a créé beaucoup de pistes cyclables. C'est une bonne initiative et puis c'est bon pour la santé. Il faut espérer que les hommes prendront conscience assez tôt de la gravité de la situation et imagineront des solutions.

[1] to be active　　[2] overwhelmed　　[3] damages　　[4] greenhouse　　[5] layer

Et vous? Partagez-vous les opinions de ces jeunes Français? Êtes-vous concerné(e) par l'écologie? Pour le savoir, faites ce test.

I. Votre attitude

Choisissez les réponses qui correspondent le mieux à votre attitude.

1. Vous avez besoin de cahiers pour vos cours. Qu'achetez-vous?

a. des cahiers de luxe en papier blanc

b. des cahiers en papier recyclé

c. les cahiers les moins chers, le papier n'est pas important

2. Quand vous vous brossez les dents, que faites-vous?

a. Je laisse l'eau couler.[1]

b. Je ferme le robinet[2] pour économiser l'eau.

c. L'eau est gratuite, alors je remplis le lavabo.

3. Quand il fait nuit, que faites-vous?

a. J'allume[3] toutes les lampes de la maison parce que je déteste l'obscurité.

b. J'allume la lampe dont j'ai besoin et je l'éteins[4] quand je quitte la pièce.

c. Je laisse la lampe de mon bureau allumée, même si je ne suis pas dans la pièce.

4. C'est l'été et il fait très chaud. Que faites-vous?

a. Rien, je n'ai pas l'air conditionné parce que cela pollue.

b. Je mets l'air conditionné au maximum jour et nuit.

c. Je mets l'air conditionné, mais jamais au maximum.

5. Vous achetez beaucoup de magazines. Qu'en faites-vous?

a. Je les mets dans une poubelle spéciale pour les recycler.

b. Je garde tous les vieux numéros dans ma chambre, c'est ma collection.

c. Je les mets dans la poubelle avec les autres déchets.

[1] to flow   [2] faucet   [3] turn on   [4] turn off

II. La planète et vous

Choisissez ce que vous pensez être la réponse correcte.

6. Quelle est la conséquence des pluies acides[1]?

   a. Elles brûlent les arbres.   **b.** Elles irritent les animaux.   **c.** Elles créent des rivières acides.

7. Que s'est-il passé à Tchernobyl, en Russie, le 26 avril 1986?

   a. Il y a eu une conférence internationale pour trouver des solutions aux problèmes de pollution.   **b.** L'air a été pollué.   **c.** Une centrale nucléaire[2] a explosé, ce qui a créé un nuage radioactif.

8. Le fréon est un gaz qui détruit la couche d'ozone. Qu'est-ce qui utilise ce gaz?

   a. l'air conditionné, les aérosols et les réfrigérateurs   **b.** les voitures   **c.** les usines chimiques

9. Lequel de ces animaux est menacé d'extinction immédiate?

   a. la girafe   **b.** le singe   **c.** l'éléphant

10. Quelle est la ville la plus polluée?

   a. Athènes   **b.** Washington, D.C.   **c.** Los Angeles

Résultats

Et voilà. Maintenant, calculez vos points pour savoir si vous êtes un(e) écologiste passionné(e), concerné(e) ou indifférent(e). Pour chaque question trouvez le nombre de points qui correspond à la lettre associée à votre réponse. Faites le total et lisez le résultat.

Modèle: Si votre réponse pour le numéro 1 est la lettre b, vous gagnez 3 points.

QUESTION	1	2	3	4	5	6	7	8	9	10
a	1	1	1	3	3	3	0	3	0	2
b	3	3	3	1	2	1	1	0	1	0
c	2	2	2	2	1	2	3	0	2	1

(RÉPONSES)

Entre 24 et 28 points: Bravo! Vous êtes très vert(e). Vous faites attention à votre environnement et les problèmes de pollution vous inquiètent[3] beaucoup. Vous êtes bien informé(e) et vous contribuez à la protection de l'environnement par votre attitude écologique.

LES AMIS DE LA TERRE

Entre 16 et 23 points: L'avenir[4] de la planète vous concerne. Vous respectez l'environnement, mais pas au point d'en faire la mission de votre vie. Vous aimez le confort offert par le monde moderne, même si cela crée des problèmes de pollution. Vous faites attention à l'environnement si c'est facile. Mais vous ne passerez pas votre week-end à nettoyer la plage.

Entre 6 et 15 points: Bien sûr, vous savez que la nature est menacée et que les animaux sont en danger. Mais vous ne vous sentez pas responsable. Surtout, vous ne savez pas que vous pouvez faire une différence si vous faites attention à votre environnement. Vous avez besoin de vous informer un peu plus. Un petit effort et la nature sera encore plus belle.

[1] acid rain   [2] nuclear power plant   [3] worry   [4] future

AVEZ-VOUS COMPRIS?

Complétez les phrases suivantes avec la réponse correcte.

1. Pour Sylvie, le problème le plus important est la pollution causée par…
   a. les transports en commun
   b. les voitures en ville
   c. les déchets radioactifs

2. Pour recycler les bouteilles vides, on les met…
   a. dans n'importe quelle poubelle
   b. dans la nature
   c. dans des containers spéciaux

3. Les pistes cyclables sont réservées aux…
   a. bicyclettes
   b. voitures
   c. bus

4. …utilisent le fréon, un gaz qui détruit la couche d'ozone.
   a. Les voitures
   b. L'air conditionné, les aérosols et les réfrigérateurs
   c. Les usines chimiques

EXPÉRIENCE PERSONNELLE

Vous savez maintenant ce que quatre jeunes Français font face à la pollution. Et vous? Est-ce que l'écologie vous concerne? Écrivez une liste d'au moins cinq choses que vous faites ou que vous pouvez faire pour améliorer *(to improve)* la pollution.

Pour améliorer la pollution, je peux...		1. recycler les journaux.		2.

ENRICHISSEZ VOTRE VOCABULAIRE

abandonner *to abandon*

aménager *to develop, to plan*

détruire *to destroy*

jeter *to throw away*

nettoyer *to clean*

l'autoroute (f.) *highway*

le béton *concrete*

la décharge *dump*

le déchet *scrap, waste*

la destruction *destruction*

l'environnement (m.) *environment*

l'espace (m.) **vert** *green area*

polluer *to pollute*

protéger *to protect*

ramasser *to pick up*

recycler *to recycle*

traiter *to treat, to process*

la piste cyclable *bicycle lane*

le plastique *plastic*

la pollution *pollution*

la poubelle *trash can*

la sauvegarde *safeguard*

le traitement des déchets *waste processing*

Activité 1 — SAUVEZ LA TERRE!

À chaque mot de la Colonne A, faites correspondre une action de la Colonne B qui peut aider à sauver la Terre.

A	B
1. les bouteilles vides	**a.** marcher
2. les pistes cyclables	**b.** ne pas acheter de produits utilisant du fréon
3. les zones piétonnières	**c.** éteindre
4. le robinet	**d.** recycler
5. la lumière	**e.** prendre sa bicyclette
6. la couche d'ozone	**f.** fermer

Activité 2 — L'ÉCOLOGIE

Choisissez la réponse correcte.

1. Sylvie dit qu'il faut faire des parkings (**à l'extérieur/à l'intérieur**) des centres-villes.

2. Sylvie incite ses parents à acheter des (**déchets/produits**) écologiques.

3. Stéphane est concerné, mais ne (**milite/recycle**) pas.

4. Pour Jeanne, la priorité va à la protection de la (**forêt/couche d'ozone**).

5. Une personne très écologiste déteste (**les espaces verts/ le plastique**).

6. Certain(e)s pensent que les mesures, comme (**recycler/aménager**) le papier, ne font aucune différence.

Activité 3 — LE BON MOT

Faites correspondre chaque définition au mot approprié de la liste.

1. passage interdit aux voitures
2. les matières plastiques, les bouteilles vides, par exemple
3. détruire l'environnement
4. le bus, le train, le métro
5. container où on met les déchets

> **a.** les détritus
> **b.** les transports en commun
> **c.** la poubelle
> **d.** la zone piétonnière
> **e.** polluer

4 VOUS ÊTES VERT(E)!

L'écologie vous concerne beaucoup. Complétez chaque phrase avec l'expression **il faut** ou **il ne faut pas** selon la situation.

1. ___ mettre les journaux et les bouteilles vides dans des poubelles spéciales pour les recycler.

2. ___ jeter de détritus dans la forêt.

3. ___ prendre les transports en commun pour réduire le nombre de voitures en ville.

4. Pour protéger la couche d'ozone ___ utiliser d'aérosols.

5. Pendant que vous vous brossez les dents ___ fermer le robinet pour économiser l'eau.

5 À VOTRE TOUR

Dessinez le plan de votre maison sur une grande feuille de papier. Dans chaque pièce, écrivez ce que vous possédez ou ce que vous faites qui n'est pas écologique. Puis faites une liste de ce que vous pouvez faire pour aider à protéger votre environnement.

Exemple: *Je peux acheter des poubelles spéciales pour le recyclage.*

Activité 6 — EXPRESSION PERSONNELLE

Faites la liste des objets chez vous ou à l'école qui sont faits à partir de produits recyclés. Pendant que vous faites votre travail, organisez vos idées sur le recyclage sur une page de journal. Faites un poster avec des illustrations ou photos de ces objets pour montrer aux autres classes l'importance du recyclage.

La plupart des objets sont en…(carton, papier, verre, etc.).

L'objet qu'on recycle le plus est…

L'objet le plus unique trouvé par un(e) élève est…

Un autre objet qu'on pourrait (could) recycler est…

Note CULTURELLE

Beaucoup d'animaux sont en danger. Les dauphins de la mer Méditerranée et les tortues-luths *(leatherback turtles)* de la Guyane française sont deux exemples d'espèces menacées dans les pays francophones.

En Afrique du Nord, on peut voir des dauphins nager le long des côtes de Tunisie, d'Algérie et du Maroc. Ces dauphins sont victimes de la pollution de la Méditerranée. Ils absorbent les pesticides et les métaux *(metals)* toxiques qui polluent cette mer. De plus, les grands filets *(nets)* des pêcheurs *(fishermen)* constituent un autre danger.

On trouve les tortues-luths en Guyane française, un pays francophone d'Amérique latine. Ce sont des tortues de mer géantes qui peuvent peser jusqu'à une tonne. Il existe aujourd'hui 160 000 tortues-luths dans le monde. Les biologistes travaillent pour sauver ces géants inoffensifs qui, comme les dauphins, sont souvent victimes des filets de pêche et des pollutions de l'eau.

Les musées

v i r t u e l s

de Paris

STRATÉGIES DE LECTURE

● Essayez de garder en mémoire le nom de chaque artiste du texte.

● Suivez bien les différentes époques de l'histoire de l'art dans le texte.

À VOUS

Donnez votre opinion personnelle.

1 Beaucoup de visiteurs du Louvre sont attirés par *la Joconde (Mona Lisa)* parce que c'est un tableau *(painting)*...

   a. moderne
   b. célèbre
   c. immense

2 Claude Monet est un peintre...

   a. néoclassique
   b. impressionniste
   c. moderne

3 L'extérieur du...à Paris est un exemple d'architecture moderne.

   a. centre Pompidou
   b. musée d'Orsay
   c. musée du Louvre

Si vous croyez que les musées sont des institutions du passé, vous ne connaissez pas les musées de Paris. Ils sont tellement modernes que vous pouvez les visiter chez vous! Comment? Par ordinateur. Les musées parisiens utilisent l'Internet et les CD-ROMs pour donner accès à leurs trésors au public international. Même le musée du Louvre, qui a 200 ans, est sur le Web. Voici trois musées parisiens. Êtes-vous prêt(e) pour une visite... virtuelle?

VOCABULAIRE

le millénaire Cent ans forment un siècle *(century)*. Mille ans forment **un millénaire.**

le peintre **Le peintre** est un artiste qui représente des sujets sur une toile *(canvas)*. Picasso et Monet sont deux **peintres** célèbres.

le modèle Une personne qui pose pour un peintre est **un modèle.** L'artiste représente **le modèle** sur la toile.

le tableau Un peintre crée des **tableaux.** *La Joconde* est **un tableau** très célèbre de Léonard de Vinci.

peindre Les peintres **peignent** des tableaux. Picasso **peint** des figures géométriques. Renoir **peint** des portraits.

La pyramide de verre devant le Louvre

La Joconde, Léonard de Vinci

Le Louvre

Au 12ᵉ siècle, le Louvre est une forteresse médiévale. C'est la résidence royale. Plus tard, le roi Louis XIV lui donne une façade classique. Le Louvre devient un musée public en 1793. En 1989, l'architecte américain Ieoh Ming Pei installe une immense pyramide de verre dans la cour principale. C'est une nouvelle entrée qui, en plus, donne de la lumière aux salles souterraines.[1] Cherchez le site du Louvre sur le Web. Utilisez ces mots-clés: Louvre, Paris, musées.

Entrez. Onze millénaires d'histoire de l'art vous attendent. Le Louvre expose de nombreux trésors: tableaux, sculptures, objets... Ses collections vont du monde antique jusqu'en[2] 1850. Parmi les sculptures, il faut noter *la Victoire de Samothrace* et *la Vénus de Milo.* Le tableau qui attire le plus de visiteurs est *la Joconde (Mona Lisa)* de Léonard de Vinci (1452-1519). Vous pouvez admirer ces merveilles sur l'Internet ou avec le CD-ROM «Musée du Louvre, peinture française» édité par le musée.

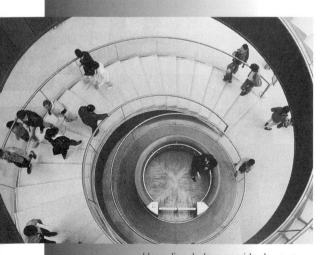
L'escalier de la pyramide de verre vu d'en haut

[1] underground   [2] up to

Les musées virtuels de Paris • **75**

Le musée d'Orsay

De l'autre côté de la Seine, en face du Louvre, on trouve le musée d'Orsay. Créé en 1987, c'est un musée récent. Il n'est pas installé dans un palais, mais dans une gare. Ses collections complètent celles du Louvre car elles couvrent la période entre 1848 et 1905. Vous pouvez visiter le musée d'Orsay virtuellement. Surfez sur l'Internet en utilisant ces mots-clés: Paris, musées, Orsay.

La gare d'Orsay ouvre le 14 juillet 1900. Elle est moderne: c'est la première gare électrifiée de Paris. Son style rappelle l'architecture du Louvre. Plus tard, on abandonne la gare parce que les trains modernes sont trop grands. Elle est alors utilisée comme théâtre et même comme décor de film. (Elle apparaît dans le film d'Orson Welles *The Trial.*) En 1979, le gouvernement français décide de recycler ce bâtiment.[1] L'ancienne gare est transformée en musée.

Le musée d'Orsay expose de nombreux artistes impressionnistes ainsi que[2] des peintres réalistes et symbolistes. La photographie et l'architecture sont aussi présentes.

Les artistes impressionnistes peignent à l'extérieur et utilisent la lumière du jour. Ils représentent des sujets réels. Chaque artiste donne son interprétation personnelle du sujet, son impression. Les éléments essentiels sont la lumière naturelle et l'utilisation de couleurs pures. Parmi les artistes les plus importants, il y a Auguste Renoir, Claude Monet et Edgar Degas. Degas est célèbre pour ses portraits de danseuses dont[3] il capture bien la grâce et le mouvement.

[1] building [2] as well as [3] of whom

L'entrée du musée d'Orsay

Le centre Pompidou

Et l'art contemporain, où est-il exposé? Au centre Georges Pompidou, un espace moderne. En plus du musée d'art moderne, le centre offre une bibliothèque, une médiathèque et un centre de création industrielle. C'est un musée futuriste qui utilise les médias au maximum: CD-ROMs, bien sûr, mais aussi vidéos et films. Cherchez son site sur le Web en utilisant ces mots-clés: Paris, musées, Beaubourg. Le centre Pompidou est aussi un lieu de rencontre favori des jeunes Parisiens. Ils apprécient les spectacles gratuits organisés sur la place devant l'entrée.

La place devant le centre Pompidou

Tache rouge, peinture
à l'huile de Kandinsky

Quand il ouvre en 1977, le centre est l'objet de ridicule. Le public pense que son architecture moderne est horrible. On le surnomme «l'usine.[1]» En effet, le design du bâtiment est unique: les architectes ont mis l'intérieur à l'extérieur. Pour libérer l'espace intérieur, ils ont installé les escaliers roulants[2] et les canalisations[3] sur la façade. Les murs extérieurs sont couverts[4] d'énormes tubes colorés. Ces tubes ne sont pas seulement décoratifs. Ils sont fonctionnels. L'air conditionné circule dans les tubes bleus, l'eau dans les tubes verts, l'électricité dans les tubes jaunes et les câbles de communication sont dans les tubes rouges.

Le centre Pompidou organise de nombreuses manifestations: débats, ateliers[5] pour enfants, expositions d'arts plastiques, de photographie... Il présente aussi des films et des exemples de design moderne. Dans les collections du musée d'art moderne, on trouve des tableaux de Marc Chagall, Pablo Picasso et Wassily Kandinsky. Bien sûr, il y a des expositions temporaires comme la rétrospective Fernand Léger de 1997.

Fin d'arabesque,
tableau de Degas

Voyage en pyjama

Le Louvre, le musée d'Orsay et le centre Pompidou ont chacun des personnalités et des origines différentes. Ces trois musées couvrent l'histoire de l'art de l'antiquité à nos jours. Leurs points communs sont des collections exceptionnelles et l'utilisation des techniques de communication modernes. Installez-vous devant votre ordinateur, branchez-vous sur l'Internet et surfez sur les musées parisiens. C'est une visite virtuelle qui vous permet de voyager en pyjama!

---

[1]factory   [2]escalators   [3]pipes   [4]covered   [5]workshops

AVEZ-VOUS COMPRIS?

Complétez les phrases suivantes avec la réponse correcte.

1. En 1989, Ieoh Ming Pei a installé…
   devant le Louvre.
   a. une sculpture en métal
   b. une pyramide de verre
   c. une grande statue

2. Le musée d'Orsay était…avant de
   devenir un musée.
   a. un palais
   b. un hôpital
   c. une gare

3. On trouve beaucoup de tableaux
   impressionnistes au…
   a. musée d'Orsay
   b. musée du Louvre
   c. centre Pompidou

4. Les tubes sur la façade du centre
   Pompidou sont…
   a. violets, verts, jaunes et rouges
   b. noirs, jaunes, orange et verts
   c. bleus, verts, jaunes et rouges

EXPÉRIENCE PERSONNELLE

Vous savez maintenant beaucoup de choses sur
trois musées parisiens. Faites de la recherche sur
un musée américain puis comparez-le avec l'un
des musées du texte. De quelle période sont les
tableaux exposés? Quel est le style d'architecture
du musée? Utilisez un diagramme pour
organiser vos comparaisons.

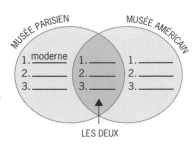

ENRICHISSEZ VOTRE VOCABULAIRE

un(e) artiste *artist*

un peintre *painter*

un sculpteur *sculptor*

un chef-d'oeuvre
masterpiece

un chevalet *easel*

un burin *chisel*

un pinceau *paintbrush*

un coup (ou trait)
de pinceau *brush-stroke*

une teinte *hue, tint*

un tube (de peinture)
tube (of paint)

une toile *canvas*

la peinture à l'huile
oil painting

l'aquarelle (f.) *watercolor*

un portrait *portrait*

une nature morte *still life*

un paysage *landscape*

une esquisse *sketch*

un dessin *drawing*

le modèle *model*

le premier plan *foreground*

l'arrière-plan (m.)
background

modeler *to shape*

sculpter *to sculpt, to carve*

poser *to sit, to model*

peindre *to paint*	
je peins	nous pei**gn**ons
tu peins	vous pei**gn**ez
il/elle peint	ils/elles pei**gn**ent

1 QUEL MUSÉE?

Dites dans quel musée vous pensez trouver chaque artiste ou statue.

1. Auguste Renoir   **a.** le musée du Louvre
2. Wassily Kandinsky
3. Léonard de Vinci   **b.** lc musée d'Orsay
4. Edgar Degas
5. *la Vénus de Milo*   **c.** le centre Pompidou
6. Fernand Léger

2 LE CHEF-D'OEUVRE

Vous êtes peintre et vous voulez faire un chef-d'oeuvre. Complétez les phrases suivantes avec la réponse correcte.

1. Vous allez faire un tableau d'un modèle, ça veut dire…de cette personne.
   a. un burin   b. un portrait   c. un paysage

2. Il vous faut…sur laquelle vous allez peindre votre sujet.
   a. une toile   b. un pinceau   c. un peintre

3. Vous posez votre futur tableau sur…pour travailler.
   a. la teinte   b. le modèle   c. le chevalet

4. Vous n'aimez pas l'aquarelle. Vous prenez vos peintures…
   a. à l'huile   b. à l'arrière-plan   c. au premier plan

5. Vous allez peindre avec des coups de…très précis.
   a. dessin   b. burin   c. pinceau

6. Votre…sera fier d'avoir posé pour vous!
   a. modèle   b. nature morte   c. sculpteur

3 ON PEINT!

Complétez chaque phrase suivante avec la forme correcte du verbe **peindre.**

1. Nous…avec des aquarelles pour nous amuser.

2. Vous…des tableaux quand vous suivez des cours d'art.

3. Vous montrez votre nouveau tableau à votre amie. Elle s'exclame: «Tu…très bien!»

4. Les peintres…souvent beaucoup de toiles.

5. Imaginez que Van Gogh est assis dehors. Il fait nuit. Il regarde le ciel et il…son fameux tableau, *La nuit étoilée.*

4 MOTS CROISÉS

Aidez-vous du texte pour trouver les mots correspondants aux définitions. (**Attention:** on n'écrit pas les accents dans les mots croisés français.)

HORIZONTALEMENT

2. Degas est célèbre pour ses portraits de ces personnes
6. Bâtiment qu'on a surnommé «l'usine»
8. L'eau circule dans les tubes de cette couleur au centre Pompidou
9. Architecte de la pyramide de verre devant le Louvre

VERTICALEMENT

1. Musée qui était une forteresse médiévale
3. Titre de Louis XIV
4. Il y a eu une rétrospective de ce peintre au centre Pompidou en 1997
5. Tableau très célèbre de Léonard de Vinci
7. Prénom du réalisateur du film *The Trial*

Activité 5 À VOTRE TOUR

Choisissez un des peintres décrits dans le texte. Recherchez des
informations sur ce peintre en utilisant l'Internet, une encyclopédie
ou des livres d'art. Quand est-ce qu'il a peint? Quels sont le style et
les sujets de ses tableaux? Trouvez quelques photos de ses tableaux
ou photocopiez quelques pages de livres d'art. Organisez toutes vos
informations et photos sur une grande feuille de papier.

Activité 6 EXPRESSION PERSONNELLE

Vous êtes artiste! Choisissez un sujet puis dessinez-le ou peignez-le.
Utilisez un diagramme pour décrire en français tous les détails de
votre oeuvre. Finalement, accrochez *(hang)* vos dessins et tableaux sur
les murs de la salle de classe pour créer votre propre petit musée.

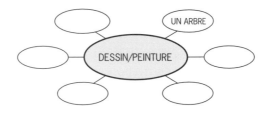

UN ARBRE

DESSIN/PEINTURE

Notes CULTURELLES

- En 1506, le Pape *(Pope)* Jules II crée le premier
  musée parce qu'il désire exposer sa collection
  de statues antiques. Il ouvre au public son jardin
  du Vatican à Rome, en Italie. Aujourd'hui, tous
  les pays ont des musées. La France en a plus
  de 7 000!

- Léonard de Vinci a peint Madonna Lisa Gherardini
  entre 1499 et 1512. Ce tableau s'appelle
  aujourd'hui *Mona Lisa* ou *La Joconde*. On pense
  que ce peintre a passé au moins 10 000 heures
  pour réaliser le portrait parce qu'il a utilisé une
  loupe *(magnifying glass)* pour représenter le plus
  de détails possible.

STRATÉGIES DE LECTURE

• Suivez bien le dialogue des deux personnes dans le texte pour ne pas les confondre.

• Le texte est divisé en plusieurs parties. Essayez de comprendre la partie entière avant de passer à la suivante.

À VOUS

Donnez votre opinion personnelle.

1 La Louisiane se trouve...

   a. au nord du Mississippi
   b. au sud de l'Arkansas
   c. à l'ouest du Texas

2 Les pirates utilisaient des...comme mode de transport.

   a. kayaks
   b. canoës
   c. bateaux

3 Les pirates étaient généralement...

   a. patriotiques
   b. dangereux
   c. sympathiques

LECTURE 11

Jean Laffite, patriote... et pirate!

Nicolas est un jeune étudiant new-yorkais. Cet été, il a décidé de passer quelques jours de vacances en Louisiane chez son grand-père. Le vieil homme est un spécialiste de l'histoire louisianaise. Il a aussi la réputation d'être un peu excentrique! Visitons les bayous avec Nicolas...

VOCABULAIRE

le trésor Un **trésor** est composé d'objets de grande valeur (*value*), par exemple: des bijoux, des pièces d'or, des pierres précieuses comme des diamants, des rubis et des émeraudes.

le marais Un **marais** est une sorte de lac. L'eau est stagnante et très peu profonde (*deep*). En Floride, la région des Everglades est constituée de **marais**.

le bayou Le **bayou** est typiquement louisianais. C'est un bras secondaire ou un bras abandonné du Mississippi. Le mot **bayou** est un mot indien qui signifie «petite rivière.»

la bataille Pendant la guerre (*war*), il y a beaucoup de **batailles**.

se battre Pendant la guerre, deux pays **se battent** l'un contre l'autre pour gagner.

Un trésor caché

«Mais qu'est-ce que tu cherches?» demande Nicolas.

«Le trésor du pirate,» répond son grand-père mystérieusement.

Il fait chaud et humide. Nicolas a un peu peur. Son grand-père dit:

«On dit que Jean Laffite a enterré[1] son trésor dans ce marais. Je crois savoir où. Nous serons[2] peut-être riches ce soir!

- Qui est Jean Laffite?

- Jean Laffite est le pirate patriote qui a sauvé la Louisiane. Viens, je vais te raconter son histoire.»

Un pirate sympathique

«En 1812, il y a un camp de pirates. L'un d'eux, Jean Laffite, est un bel homme de 28 ans, grand, élégant et distingué. Il a la réputation d'être un gentleman. Il n'attaque jamais les bateaux américains. En fait, on considère Laffite comme un Robin des Bois[3] des mers.

- Il y a beaucoup de pirates?» interrompt Nicolas.

«Plus de mille, tous commandés par Laffite qui est leur chef. Ils sont riches. La fortune de Laffite est de plus de 500 000 dollars, une somme énorme pour l'époque.»

Le grand-père s'arrête un instant pour chasser un alligator curieux.

Un pirate patriote

«La nation est bientôt en guerre avec l'Angleterre. Parmi d'autres disputes, la raison principale pour la guerre est l'enrôlement forcé des Américains dans la marine[4] anglaise.

En 1813, les Anglais capturent la ville de Washington et essaient d'envahir la Louisiane. Laffite va voir le général Andrew Jackson. Il offre ses armes et ses pirates au service de l'armée de Louisiane. Jackson sait très bien qu'il n'a pas assez d'hommes pour se battre contre l'ennemi et il accepte l'aide de Laffite. Les pirates se battent avec courage et Jackson gagne la bataille. Grâce à Laffite, la Louisiane est sauvée!»

Laffite avec le général Jackson et le gouverneur Claiborne

[1] buried   [2] will be   [3] Robin Hood   [4] navy

Un pirate pour toujours

«Laffite est un héros,» dit Nicolas en observant l'alligator qui dort maintenant sous un arbre.

«Il est pardonné par le président Madison. Il n'est plus un criminel, mais un citoyen[1] honorable.

- Il doit être heureux.

- Oui, mais il préfère l'aventure. Il s'ennuie.[2] Laffite décide d'aller au Texas. En 1818, il établit et dirige un nouveau camp de pirates sur l'île de Galveston, sur la côte du Texas. Quand le Texas devient une république indépendante, il est nommé gouverneur de l'île! Plus tard, en 1821, le gouvernement américain lui ordonne d'abandonner l'île. Laffite décide de brûler[3] son camp lui-même.

Puis Jean Laffite disparaît à bord de son bateau—on ne reverra jamais[4] le pirate patriote. Est-ce qu'il est revenu à La Nouvelle-Orléans? Personne ne le sait...»

[1] citizen   [2] is bored   [3] to burn   [4] will never see again

1776	circa 1780	1789	1796	1800	1803	1804
Révolution américaine	Naissance *(birth)* de Jean Laffite	Révolution française	John Adams est élu président.	Thomas Jefferson est élu président.	Achat de la Louisiane	Haïti déclare son indépendance de la France.
		George Washington est élu premier président des États-Unis.				

Le trésor de Laffite

«Et son trésor alors, c'est une légende?

- Non, on a trouvé des pièces d'or dans les bayous.»

Au moment même où le grand-père dit cela, ils entendent un grand «Clank!»

«J'ai quelque chose!» crie le grand-père.

Tout excité, il déterre[1] un objet. C'est une vieille assiette de métal noir. Déçu, le grand-père la jette[2] dans le bayou sans l'examiner.

«Ça vient sûrement d'un touriste. Allez, assez pour aujourd'hui. Partons. Nous avons assez amusé cet alligator.» Nicolas est plus que d'accord.

L'alligator les regarde partir. Stupidement, il mord[3] dans la vieille assiette tombée près de lui. L'animal ne peut pas lire l'inscription au dessous de l'assiette:

Propriété de Jean Laffite - 1813.

[1] unearths   [2] throws away   [3] bites

1804–1806	1808	1812–1814	1815	1818	circa 1826	1839
Expédition de Lewis et Clark	James Madison est élu président.	Guerre de 1812	Défaite de Napoléon à Waterloo	Jean Laffite établit son camp de pirates sur l'île de Galveston.	Mort de Jean Laffite	La France reconnaît la République du Texas. (C'est le premier pays d'Europe à le faire.)

AVEZ-VOUS COMPRIS?

Complétez les phrases suivantes avec la résponse correcte.

1. Le grand-père de Nicolas cherche…
   de Jean Laffite.
   a. le bateau
   b. le trésor
   c. la maison

2. Jean Laffite a sauvé…
   a. la Floride
   b. le Mississippi
   c. la Louisiane

3. Jean Laffite est nommé
   gouverneur…
   a. de l'île de Galveston
   b. du Texas
   c. de la Louisiane

4. Napoléon est vaincu à Waterloo
   en…
   a. 1813
   b. 1815
   c. 1817

EXPÉRIENCE PERSONNELLE

Maintenant vous connaissez bien l'histoire de Jean Laffite. Choisissez un personnage historique américain puis faites un diagramme pour le/la comparer à Jean Laffite. Par exemple, comparez les caractéristiques physiques, les dates, les actions, les récompenses *(rewards),* etc.

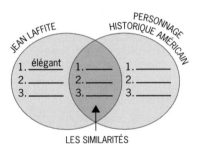

LES SIMILARITÉS

ENRICHISSEZ VOTRE VOCABULAIRE

La course au trésor *treasure hunt*

l'aventure *(f.) adventure*
la carte *map*
le coffre *(treasure) chest*
le danger *danger*
la découverte *discovery*
le mystère *mystery*
le secret *secret*
cacher *to hide*
chercher *to look for*
découvrir *to discover*
explorer *to explore*
trouver *to find*
voyager *to travel*

Les contraires

faire confiance (à) *to trust*
se méfier (de) *to distrust*

gagner *to win*
perdre *to lose*

commander *to lead*
obéir (à) *to obey*

accepter (de) *to accept*
refuser (de) *to refuse*

construire *to build*
détruire *to destroy*

Activité 1 — CHRONOLOGIE HISTORIQUE

Mettez les événements suivants dans le bon ordre.

1. Expédition de Lewis et Clark
2. Achat de la Louisiane
3. Jean Laffite établit son camp de pirates sur l'île de Galveston.
4. Naissance de Jean Laffite
5. La Révolution américaine
6. George Washington est élu premier président des États-Unis.

Activité 2 — QUEL VERBE?

Complétez les phrases suivantes avec les verbes appropriés d'ENRICHISSEZ VOTRE VOCABULAIRE.

1. Jean Laffite est le chef. Il —— les pirates.
2. Jackson accepte l'aide de Laffite. Il lui —— ——.
3. Les pirates se battent avec courage et Jackson —— la bataille qui sauve la Louisiane.
4. Les Anglais —— la guerre contre les Américains.
5. Quand le gouvernement américain ordonne à Laffite d'abandonner l'île de Galveston, Laffite —— le camp lui-même.

Activité 3 — TROUVEZ LA RÉPONSE!

Trouvez les réponses qui correspondent à chaque définition. Puis écrivez les lettres encadrées sur une feuille de papier pour trouver ce qu'il y a dans la gueule (mouth) de l'alligator!

1. Ce que les pirates attaquent
2. En 1839, ce pays reconnaît la République du Texas
3. Ce que Thomas Jefferson devient en 1800
4. Général américain qui accepte l'aide de Laffite
5. Président des États-Unis qui pardonne à Jean Laffite
6. Personnage légendaire à qui on compare Laffite

Il y a un _ _ _ _ _ _ dans la gueule de l'alligator.
1 2 3 4 5 6

Propriété de Jean Laffite 1813

Jean Laffite, patriote...et pirate! • 87

4 LA LETTRE DU PIRATE

Vous avez trouvé une très vieille lettre dans le grenier
(attic) de vos grands-parents. Malheureusement,
certains mots sont illisibles. Complétez les phrases
avec un mot approprié de la liste à côté. Un mot de
la liste n'est pas utilisé.

trouver	caché
explorer	obéir
découverte	danger
carte	coffre

Chère Isabelle,

Je sais où Barbe-Noire a __1__ son trésor! Il a marqué l'endroit sur une __2__ qu'il garde dans sa cabine. Je l'ai trouvée par hasard, en nettoyant (cleaning) son bureau. Je vais partir avec Lulu et Labise en bateau pour découvrir cette fortune. Cela va être une __3__ formidable. Il y a du __4__ : si Barbe-Noire apprend que j'ai copié sa carte, nous sommes perdus!

Barbe-Noire garde dans sa poche la clef du __5__ où il a mis son trésor. Le trésor est enterré (buried) dans une caverne sur une île du Pacifique Sud. Nous, nous allons __6__ toutes les cavernes de toutes les îles de cette région. Cela va prendre du temps, mais nous finirons bien par __7__ l'endroit exact! Après cela, ma très chère Isabelle, nous serons (will be) riches. À nous la fortune!

Riri le Renard

5 À VOTRE TOUR

Imaginez que vous êtes un pirate. Vous devez cacher votre fortune!
Choisissez un endroit dans votre salle de classe ou dans la cour de
votre école puis dessinez une carte du trésor. Illustrez et annotez
votre carte en français. Échangez votre carte avec un(e) partenaire
puis essayez de trouver son trésor. N'oubliez pas de marquer
l'emplacement *(place)* de votre coffre avec une croix (X) pour aider
votre partenaire à la course au trésor!

6 EXPRESSION PERSONNELLE

Maintenant il faut illustrer votre coffre. Utilisez un diagramme pour organiser les objets de votre trésor. Est-ce que vous avez des pièces d'or, des bijoux ou des objets d'art? Décrivez en français chaque objet sur votre illustration. Combien vaut votre fortune imaginaire?

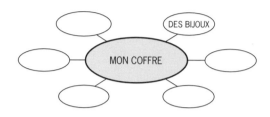

DES BIJOUX

MON COFFRE

Note CULTURELLE

On peut maintenant explorer les bayous où Jean Laffite et ses pirates se cachaient *(hid)*. Vous pouvez marcher ou faire du canoë dans le parc national historique Jean Laffite pour explorer les bayous, les marais et les lacs. Vous pouvez aussi y observer des animaux sauvages comme les alligators et les oiseaux exotiques.

Pour plus d'informations, contactez:

Jean Laffite Tourist Commission
City Hall, Hwy. 45
Laffite, LA 70067

ou

Jean Laffite National Historical Park
365 Canal Street, Suite 3080
New Orleans, LA 70130

STRATÉGIES DE LECTURE

● Parcourez le texte à la recherche de noms de styles de musique et d'artistes.

● Lisez le titre de chaque paragraphe et pensez à ce que vous savez sur chaque pays ou province.

À VOUS

Donnez votre opinion personnelle. Dites si chaque phrase est vraie ou fausse. Si elle est fausse, corrigez-la.

1 Le reggae est populaire en Côte d'Ivoire.

2 Céline Dion est une artiste française.

3 On entend des chansons en anglais et en français au Québec.

Promenade *musicale* en francophonie

Les adolescents du monde francophone aiment la musique rock américaine. Ils écoutent aussi des stars et des styles de musique particuliers à leur pays. Et vous, connaissez-vous des artistes francophones?

VOCABULAIRE

le tambour **Le tambour** est un instrument de musique à percussion. Le joueur frappe (*beats*) sur **le tambour** pour marquer le tempo.

mélanger Quand on mixe plusieurs éléments, on **mélange** ces éléments. Certains artistes aiment **mélanger** des rythmes différents.

raconter Quand on dit une histoire à quelqu'un, on **raconte** cette histoire. On peut aussi **raconter** ce qui s'est passé après un événement.

le conte de fées Un **conte de fées** est une histoire magique pour les enfants. Cendrillon (*Cinderella*) est **un conte de fées**.

enregistrer Quand on veut garder une chanson, on l'**enregistre** sur une cassette. Il est nécessaire d'avoir un microphone si on désire **enregistrer** quelque chose.

La France

Les adolescents français sont fans des Boys Bands et des Girls Bands, ces groupes de jeunes garçons ou filles qui chantent. Leurs préférés sont français, américains ou anglais. Ils adorent **2Be 3**, un groupe formé de trois garçons français appelés Filip, Adel et Franck. **2Be 3** joue de la musique de danse. Avec leur premier album, les garçons espèrent «offrir une maison à nos parents.»

Alliage et **G-Squad** sont deux autres Boys Bands français appréciés des jeunes. **Spice Girls** et **Worlds Apart** sont des groupes étrangers populaires.

Bien sûr, la musique pop plus traditionnelle est toujours là. **Pascal Obispo** est la nouvelle star romantique. Compositeur et interprète, **Pascal Obispo** chante l'amour sur son album *Superflu*.

LES LEADERS DU HIT-PARADE FRANÇAIS POUR L'ÉTÉ 1997:	
ARTISTE	TITRE DE L'ALBUM
Jean-Jacques Goldman	En passant
The Prodigy	The Fat of the Land
Oasis	Be Here Now
Alliage	L'Album
Worlds Apart	Don't Change
2Be 3	Partir un jour
Pascal Obispo	Superflu
MC Solaar	Paradisiaque
Spice Girls	Spice
Patricia Kaas	Dans ma chair

L'Afrique

L'Afrique est un vaste continent qui compte plus de vingt pays francophones. Chaque pays est riche en traditions et crée une musique spécifique. Écoutons ce qu'on joue dans deux pays: la Côte d'Ivoire et le Sénégal.

La Côte d'Ivoire

Quelle est la musique favorite de la Côte d'Ivoire? C'est le reggae. **Alpha Blondy** et son groupe sont très populaires. Il chante en diaoulé (un dialecte ivoirien), en arabe, en français et en anglais.

Une autre star est **Serges Kassy** qui chante souvent en «nouchi,» l'argot des quartiers pauvres d'Abidjan. Serges dit qu'il veut être «les yeux, les oreilles et la bouche du peuple.» Avec ses albums *I'm Proud* et *Cabri Mort* il y réussit.

Les jeunes ivoiriens sont aussi fans de «radical sound,» une musique plus rock. La star est **Tangara**, un artiste qui chante en français, en baoulé, en nouchi et en anglais. Il rappelle les griots, ces personnes qui allaient[1] de village en village pour raconter des histoires et échanger des nouvelles.[2]

[1]used to go   [2]news

Le Sénégal

La musique traditionnelle sénégalaise a influencé beaucoup de musique occidentale. On en trouve des traces dans le rap, le reggae et même le country blues. Une des musiques les plus traditionnelles est le yéla. Le yéla reproduit le rythme des pilons[1] quand les femmes du village battaient[2] le grain. L'artiste **Baaba Maal** chante sur ces rythmes anciens. Avec son groupe **Daande Lenol**, il donne des concerts dans le monde entier.

Une autre musique est aussi populaire au Sénégal: le rap. Le groupe de rap préféré des jeunes sénégalais s'appelle **Positive Black Soul**. Ses membres chantent en wolof, un dialecte sénégalais, en français et en anglais.

Les adolescents sénégalais aiment aussi la musique rock et les groupes varient selon le moment. **Super Diamono** est un groupe populaire qui joue du rock-mbalax. Le mbalax est une musique où le chanteur dialogue avec le joueur de tambour sur des rythmes rapides et complexes. La musique pop et moderne est représentée par **Youssou N'Dour** qui a travaillé avec **Spike Lee** et **Peter Gabriel**.

Le Québec

Le Québec est une province francophone du Canada. Les radios doivent[3] programmer un minimum de chansons canadiennes en français. Le résultat est deux hit-parades: un pour la chanson francophone, un pour la chanson anglophone.

L'une des plus grandes stars canadiennes est **Céline Dion**. Son histoire est un peu un conte de fées. Céline est née près de Montréal. Elle a 14 frères et soeurs. Elle commence à chanter à l'âge de cinq ans. À douze ans, elle enregistre une chanson sur une cassette. Son frère envoie la cassette. Tout de suite, le producteur appelle Céline! Depuis, c'est le succès. Céline a chanté la musique du film de Disney «La Belle et la Bête.» Elle a aussi chanté «The Power of the Dream» à la cérémonie d'ouverture des Jeux Olympiques d'Atlanta en 1997.

LES ARTISTES DU HIT-PARADE QUÉBÉCOIS POUR L'ÉTÉ 1997:

LA CHANSON FRANÇAISE

ARTISTE	CHANSON
Luce Dufault	Quand on s'en va pour oublier
Claude Dubois	Les Petits Cailloux[4]
Patricia Kaas	Quand j'ai peur de tout

LA CHANSON ANGLAISE

ARTISTE	CHANSON
Soul Attorney	See the People
Roch Voisine	Deliver Me
Spice Girls	2 Become 1

[1]pestles   [2]used to pound   [3]must   [4]pebbles

Haïti

Haïti est une île des Antilles où l'on parle créole et français. On y écoute le compas, une musique de danse aux rythmes énergiques. La star du compas est le groupe **Tabou Combo.** Basé à New York, **Tabou Combo** chante en anglais, en espagnol, en français et en créole. Innovateurs, ses membres mélangent des rythmes de merengue, de samba et de rock au compas traditionnel.

Un autre genre de musique populaire en Haïti est le rara. À l'origine, le rara est un carnaval de printemps. C'est le groupe **Boukman Eksperyans** qui a développé cette musique de danse après avoir gagné le prix de la meilleure chanson au Carnaval. **Boukman Eksperyans** ajoute les rythmes du reggae et du rock aux rythmes traditionnels haïtiens.

La Martinique

Cette île des Antilles est un département français. La musique folklorique martiniquaise a ses racines[1] en Afrique. Elle a évolué pour donner le zouk actuel. Le zouk est une musique de danse très rythmée, popularisé par le groupe **Kassav**. Depuis sa création, **Kassav** donne des concerts dans le monde entier: en France, au Sénégal, en Côte d'Ivoire et aux États-Unis. En 1997, **Kassav** a gagné le prix du Meilleur Groupe aux Afric Awards au Gabon (un pays francophone d'Afrique). Le zouk aussi évolue. Le groupe **Levitation** joue du MaZouk, un mélange de zouk, de compas et de polka.

Le Viêt-nam

La musique traditionnelle est toujours très présente au Viêt-nam. Le plus vieil instrument de musique se trouve[2] dans ce pays. C'est un xylophone de pierre qui a 6 000 ans. Un style traditionnel est le Ngam Tho qui consiste à réciter de la poésie.

Les jeunes vietnamiens, eux, adorent le «Pop-Rock.» Ils écoutent des ballades sentimentales et des chansons d'amour, aussi appelées «Misery-Pop.» Il y a de nombreux jeunes artistes, comme la chanteuse **Nhu Quynh** et le chanteur **Manh Dihn**. Les jeunes vietnamiens connaissent aussi la musique américaine. Ils aiment, entre autres, **Bobby McFerrin** et **John Denver**.

Et vous, quelle musique écoutez-vous?

[1] roots   [2] is (located)

AVEZ-VOUS COMPRIS?

Complétez les phrases suivantes avec la réponse correcte.

1. Le compas est une musique de danse aux rythmes énergiques qui est populaire en…
   a. Côte d'Ivoire
   b. Haïti
   c. France

2. Le plus vieil instrument de musique se trouve…
   a. en France
   b. au Viêt-nam
   c. en Afrique

3. La Martinique est connue pour le style de musique appelé…
   a. zouk
   b. rap
   c. mbalax

4. Pour les anglophones et les francophones, il y a deux hit-parades au…
   a. Sénégal
   b. Viêt-nam
   c. Québec

EXPÉRIENCE PERSONNELLE

Maintenant vous connaissez différents styles de musique de plusieurs pays francophones. De tous ces genres de musique, lequel est-ce que vous avez envie d'écouter? Pourquoi? Discutez et comparez vos réponses avec un(e) partenaire.

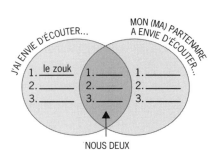

J'AI ENVIE D'ÉCOUTER…
MON (MA) PARTENAIRE A ENVIE D'ÉCOUTER…

1. le zouk   1. _____   1. _____
2. _____   2. _____   2. _____
3. _____   3. _____   3. _____

NOUS DEUX

ENRICHISSEZ VOTRE VOCABULAIRE

le musicien/la musicienne *musician*

accorder *to tune (an instrument)*

jouer d'un instrument *to play an instrument*

jouer faux *to play out of tune*

jouer juste *to play in tune*

s'exercer *to practice*

les instruments à cordes *stringed instruments*

    l'alto (m.) *viola*

    la contrebasse *double-bass*

    le violon *violin*

    le violoncelle *cello*

les instruments à vent *wind instruments*

    la clarinette *clarinet*

    le cor d'harmonie *French horn*

    la flûte *flute*

    le hautbois *oboe*

    le trombone *trombone*

    la trompette *trumpet*

les instruments à percussion *percussion instruments*

    les cymbales (f.) *cymbals*

    le tambour *drum*

> RAPPEL: **jouer de** + instrument musical
> Je **joue de** la trompette.

Activité 1 · L'ORCHESTRE

Pouvez-vous dire de quels instruments ces musiciens jouent?
Complétez les phrases suivantes avec la forme correcte du verbe
jouer et l'instrument approprié.

1. Toi, tu es violoniste. Tu —— du ——.
2. Sylvie est flûtiste. Elle —— de la ——.
3. Nicolas et Éric sont tous les deux violoncellistes. Ils —— du ——.
4. Mon cousin, Stéphane, est clarinettiste. Il —— de la ——.
5. Nous sommes trompettistes. Nous —— de la ——.

Activité 2 · QUEL ENDROIT?

Faites correspondre chaque style de musique de la Colonne A
à l'endroit approprié de la Colonne B.

A	B
1. le yéla	**a.** le Viêt-nam
2. le rara	**b.** la Martinique
3. le reggae	**c.** Haïti
4. le MaZouk	**d.** le Sénégal
5. le Ngam Tho	**e.** la Côte d'Ivoire

Activité 3 · LE BON MOT

Complétez les phrases avec un mot approprié du VOCABULAIRE
de la page 90.

1. Je suis musicien. Pour marquer le tempo, je frappe sur un ——.
2. Quand on entend une chanson qu'on aime à la radio, on l'——
   pour pouvoir l'écouter souvent.
3. Souvent, les enfants adorent lire des ——.
4. Le MaZouk est un style de musique où l'on —— le zouk,
   le compas et la polka.
5. Quelque chose de très drôle m'est arrivé ce week-end!
   Je vais te —— l'histoire.

4 LA MUSIQUE

Imaginez que vous préparez des articles de musique pour votre
journal scolaire. Vous avez beaucoup d'informations, mais certaines
sont incorrectes. Aidez-vous du texte pour corriger les phrases
suivantes.

1. À l'origine, le rara est un carnaval d'automne.

2. Le groupe **Alpha Blondy** chante en allemand, en arabe, en français
   et en anglais.

3. **Céline Dion** vient de France.

4. Le mbalax est une musique où le chanteur dialogue avec le joueur
   de piano.

5. Le zouk a ses racines au Viêt-nam.

6. L'album *Dans ma chair* est un succès de **Jean-Jacques Goldman**.

5 À VOTRE TOUR

Vous allez créer un groupe de musique! Quel genre de musique?
De quels instruments allez-vous jouer? Combien êtes-vous dans le
groupe? Quel est le nom du groupe? Où est-ce que vous allez donner
des concerts? Faites une brochure de publicité pour votre groupe.

Activité 6 EXPRESSION PERSONNELLE

Quel instrument aimez-vous le mieux? Sur une feuille de papier, illustrez cet instrument avec une photo ou un dessin original. Écrivez le nom de l'instrument en dessous. Puis, composez un paragraphe où vous répondez aux questions suivantes. Cherchez des renseignements sur l'Internet, dans les encyclopédies ou les livres de musique.

Pourquoi aimez-vous cet instrument?

Jouez-vous de cet instrument?

Quel(s) genre(s) de musique peut-on y jouer?

Quels musiciens célèbres l'utilisent?

Quelle est l'histoire de cet instrument?

Note CULTURELLE

Les griots

En Afrique occidentale, et surtout au Sénégal, les griots sont des personnages importants. Ce sont des musiciens, des historiens, des conteurs qui vont de village en village. Ils transmettent la tradition orale. Ce sont un peu les ancêtres du rap. Les griots jouent souvent du tambour qu'ils utilisent pour accentuer leurs récits *(tales)*. L'artiste **Baaba Maal** chante parfois *(sometimes)* sur scène avec un griot appelé **Mansour Seck**.

Le Retour de Buffalo Bill

STRATÉGIES DE LECTURE

- Parcourez le texte et faites une liste des mots américains que vous reconnaissez.

- Mettez les événements du texte dans une chronologie pour mieux comprendre le contexte historique.

À VOUS

Donnez votre opinion personnelle.

1 Les cow-boys et le Far West...

   a. sont toujours très populaires en France et en Amérique

   b. n'intéressent pas les Américains

   c. sont populaires uniquement en France

2 Buffalo Bill est un...

   a. cow-boy Américain

   b. chef indien

   c. politicien célèbre

3 Buffalo Bill apparaît...

   a. dans des spectacles

   b. dans des films

   c. a et b

Les spectateurs agitent[1] leurs faux chapeaux de cow-boy. Devant eux, Annie Oakley parade à cheval aux côtés de Sitting Bull. Tous les deux suivent un cow-boy aux longs cheveux blancs. Nous sommes en France où Buffalo Bill est de retour après presque cent ans d'absence!

[1] wave

THE HON. COLONEL W. F. CODY, "BUFFALO BILL."

VOCABULAIRE

reproduire On **reproduit** un événement quand on répète cet événement exactement comme il s'est passé la première fois.

populariser Quand on rend une personne ou une chose populaire, on la **popularise.** On la fait connaître au public.

recréer On **recrée** quelque chose quand on crée à nouveau une chose qui n'existe plus. Les décors des Westerns **recréent** l'aspect des villes de l'Ouest au 19e siècle.

rêver On **rêve** quand on dort. À ce moment, on voit des images qui n'existent que dans notre imagination.

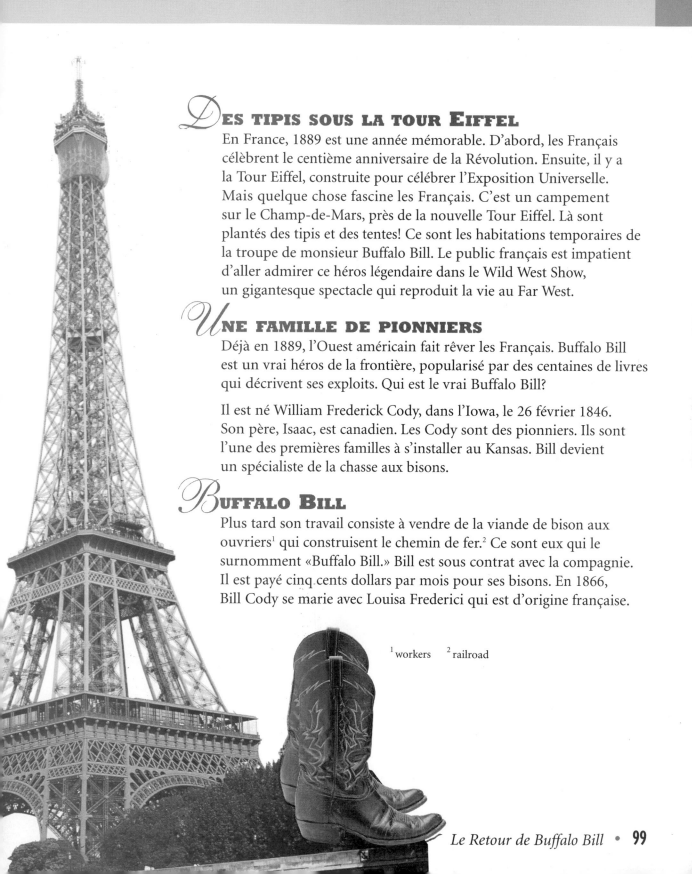

*D*ES TIPIS SOUS LA TOUR EIFFEL

En France, 1889 est une année mémorable. D'abord, les Français célèbrent le centième anniversaire de la Révolution. Ensuite, il y a la Tour Eiffel, construite pour célébrer l'Exposition Universelle. Mais quelque chose fascine les Français. C'est un campement sur le Champ-de-Mars, près de la nouvelle Tour Eiffel. Là sont plantés des tipis et des tentes! Ce sont les habitations temporaires de la troupe de monsieur Buffalo Bill. Le public français est impatient d'aller admirer ce héros légendaire dans le Wild West Show, un gigantesque spectacle qui reproduit la vie au Far West.

*U*NE FAMILLE DE PIONNIERS

Déjà en 1889, l'Ouest américain fait rêver les Français. Buffalo Bill est un vrai héros de la frontière, popularisé par des centaines de livres qui décrivent ses exploits. Qui est le vrai Buffalo Bill?

Il est né William Frederick Cody, dans l'Iowa, le 26 février 1846. Son père, Isaac, est canadien. Les Cody sont des pionniers. Ils sont l'une des premières familles à s'installer au Kansas. Bill devient un spécialiste de la chasse aux bisons.

*B*UFFALO BILL

Plus tard son travail consiste à vendre de la viande de bison aux ouvriers[1] qui construisent le chemin de fer.[2] Ce sont eux qui le surnomment «Buffalo Bill.» Bill est sous contrat avec la compagnie. Il est payé cinq cents dollars par mois pour ses bisons. En 1866, Bill Cody se marie avec Louisa Frederici qui est d'origine française.

[1] workers   [2] railroad

LE DÉBUT DE LA CÉLÉBRITÉ

Ensuite, Buffalo Bill devient détective pour le gouvernement.
Il travaille avec son ami Wild Bill Hickok. Ensemble ils arrêtent
les voleurs de chevaux. En 1872, un producteur crée une pièce
de théâtre appelée «Buffalo Bill, Roi des hommes de la frontière.»
C'est un mélodrame qui a énormément de succès. Le producteur
offre à Buffalo Bill cinq cents dollars par semaine pour se jouer
lui-même sur scène. Mais le cow-boy refuse et continue sa
carrière d'éclaireur.[1]

LA VIE AU «FAR WEST»

Buffalo Bill décide de montrer au public des scènes authentiques
de la vie au Far West. En 1883, il crée le «Buffalo Bill's Wild
West Show.» Ce spectacle unique connaîtra vingt ans de succès
aux États-Unis et en Europe!

Buffalo Bill désire que tout soit authentique. Il achète une vraie
diligence[2] et engage des Indiens comme acteurs. Le spectacle
a lieu sous une grande tente de cirque. Parmi les différentes
scènes, il y a l'attaque de la diligence, le Poney Express,
les danses indiennes, la démonstration de tir[3] et la poursuite[4]
de vrais bisons des plaines, des films d'action modernes!
Le général Sherman est enthousiasmé. Il déclare: «Le spectacle
est merveilleusement réaliste et très évocateur.»

UN GRAND SPECTACLE

C'est alors que Buffalo Bill décide
de présenter son spectacle en France.
Il amène le Far West avec lui. Sa troupe
est composée de deux cent cinquante
personnes, principalement des
cow-boys et des Indiens qui
viennent des tribus Sioux,
Cheyenne et Arapahoe.
Il y a aussi trois cents animaux.

Le Wild West Show débute
le 19 mai 1889. C'est un succès
extraordinaire. Le Wild West Show
est certainement plus populaire que la Tour Eiffel!

[1] scout [2] stagecoach [3] shooting [4] chase

Le chef Sitting Bull

Le public français vient aussi applaudir Annie Oakley. Célèbre pour son habileté[1] au tir, Annie Oakley est la grande star du spectacle. Tout comme Buffalo Bill, elle est très amie avec Sitting Bull, le chef indien Hunkpapa Sioux. Traité avec le plus grand respect, Sitting Bull reçoit des visiteurs dans son tipi et participe à la parade, mais à aucune autre scène. Après Paris, le Wild West Show continue sa tournée en Europe. La troupe voyage en Espagne, en Italie et en Allemagne.

Annie Oakley avec son fusil

Le chef Sitting Bull

La fin d'une époque

Buffalo Bill et sa troupe reviennent à Paris en 1905. De nouveau, le spectacle attire un public enthousiaste. Avec son chapeau, sa veste à franges[2] et sa barbe,[3] il est impossible de le prendre pour un Parisien! Sa dernière performance a lieu en novembre 1916. Puis le show fait place à une nouvelle attraction: le cinéma. Buffalo Bill lui-même s'intéresse à cet art. Il réalise quelques films où il recrée des scènes historiques.

Le retour de Buffalo Bill

En 1992, Euro Disney ouvre ses portes à Paris. Parmi toutes les attractions, il y en a une très spéciale. Elle s'appelle le Wild West Show! Avec soixante-cinq acteurs, dix bisons du Canada et des vaches du Texas, Euro Disney recrée le Wild West Show de Buffalo Bill.

De nouvelles générations de Français, familiarisés avec l'Ouest américain par le cinéma, viennent voyager dans le temps. Ils applaudissent le changement de cheval par les messagers du Poney Express, les danses indiennes et les acrobaties équestres.[4]

Ainsi, Buffalo Bill est de retour. En fait, le cow-boy n'a jamais quitté le coeur des nostalgiques du Far West.

[1]skill [2]fringes [3]beard [4]horse tricks

APRÈS LA LECTURE...

AVEZ-VOUS COMPRIS?

Complétez les phrases suivantes avec le choix approprié.

1. Le «Wild West Show» a débuté à Paris en même temps que...
   a. la Tour Eiffel et le centième anniversaire de la Révolution française
   b. l'invention de la télévision et du magnétoscope
   c. la naissance de Buffalo Bill

2. Buffalo Bill est le surnom donné à...
   a. Bill Hickok
   b. P.T. Barnum
   c. William Frederick Cody

3. Le «Buffalo Bill's Wild West Show» a connu...de succès.
   a. 6 mois
   b. 20 ans
   c. 35 ans

4. Le chef Sitting Bull et Annie Oakley sont...
   a. les parents de William Cody
   b. deux stars du «Wild West Show»
   c. les cousins de P.T. Barnum

EXPÉRIENCE PERSONNELLE

Maintenant vous savez pourquoi Buffalo Bill est populaire en France. Et vous, est-ce que vous aimez le «Far West?» Qu'est-ce que ces mots évoquent pour vous? Faites une liste de mots ou de phrases que vous associez avec l'Ouest américain puis écrivez-les dans un diagramme comme celui-ci.

LE COW-BOY

LA VIE AU FAR WEST

ENRICHISSEZ VOTRE VOCABULAIRE

Les animaux

élever *to raise*
parquer *to pen in*
guider *to guide*

escorter *to escort, to lead*

les chevaux (le cheval) *horses (horse)*

un troupeau de *a herd of*

du bétail *livestock, cattle*

bovins *(m. pl.) cattle*
vaches *(f. pl.) cows*
chevaux sauvages *(m. pl.) wild horses*

un chien de garde *watchdog*

Les habits de cow-boy

la veste *vest*
la chemise en flanelle *flannel shirt*
le bandana *bandana*
le blue-jeans *jeans*
le chapeau de cow-boy *cowboy hat*
les éperons *(m. pl.) spurs*
les bottes *(f. pl.) boots*
les gants *(m. pl.)* **de cuir** *leather gloves*

L'équipement de cow-boy

la corde *rope*
le fil de fer barbelé *barbed wire*
la barrière *fence*
le lasso *lasso*

Allons au spectacle!

faire la queue *to wait in line*
acheter un billet au guichet
  to buy a ticket at the booth
choisir, réserver une place
  to choose, to reserve a seat

Pendant le spectacle

le projecteur *spotlight*
les effets *(m.)* **spéciaux** *special effects*
chanter en choeur *to sing along*
applaudir *to applaud*
huer *to boo*

Les environs

la salle de concert *concert hall*
le concert en plein air *outdoor concert*
le stade *stadium*
le ranch *ranch*
la prairie *prairie*

Les gens

les spectateurs *(m.)* *spectators*
un ouvreur, une ouvreuse *usher*
l'entracte *(m.)* *intermission*
l'orchestre *(m.)* *orchestra, band*

1 AU RANCH

Voici un vrai cow-boy! Sur
une feuille de papier, écrivez
en français les noms du plus
grand nombre de choses
montrées. Pensez à ses habits
et à son équipement!

2 LA VIE AU FAR WEST

Lisez les définitions pour compléter la grille. [**Note:** les carrés
(squares) noirs représentent des espaces non écrits. N'écrivez pas
les accents dans ce puzzle.] Les carrés numérotés forment le mot
qui complète la phrase à la fin.

1. Vrai nom de Buffalo Bill
2. Parc à thèmes américains près de Paris
3. Nom français de l'animal qui a inspiré le surnom de William Cody
4. État américain où la famille Cody s'est établie
5. Tente utilisée par les Indiens
6. Nom du célèbre chef Hunkpapa qui a participé au Wild West Show
7. Moyen de transport habituel d'un cow-boy
8. Spécialité d'Annie Oakley
9. Animal importé du Texas par Euro Disney

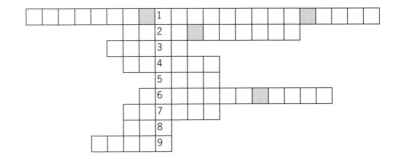

Buffalo Bill, Roi des hommes de la ____.

Activité 3 EN VACANCES EN BELGIQUE

Marc est en vacances en Belgique. Il a vu
un spectacle absolument extraordinaire. Il écrit
une carte postale pour le décrire à son meilleur
ami, Paul. Complétez les phrases avec un mot
approprié d'**ENRICHISSEZ VOTRE VOCABULAIRE.**

Note: Il y a un mot dans la liste qui n'est
pas utilisé.

spectateurs	applaudi
en choeur	une place
salle	orchestre
concert	projecteur

Salut Paul!

*Ici en Belgique, je m'amuse énormément!
On mange bien (le chocolat ici est délicieux!)
et j'ai vu un spectacle génial! Karine et moi,
nous sommes allés au __1__ . Il y avait
un __2__ avec des violonistes et des flûtistes.
Puis, le chanteur a fait son apparition
(appearance) dans la __3__ . Les __4__ ont
chanté __5__ avec lui. Après, tout le monde
a __6__ . J'étais très content d'avoir eu __7__
à ce concert!*

À bientôt,
Marc

Paul MARTIN
135, rue Descartes
74000 Annecy
FRANCE

Activité 4 TROUVEZ L'INTRUS

Regardez les catégories. Dans chacune, il y a un mot qui ne va pas.
Trouvez cet intrus et écrivez-le sur votre papier.

1. les habits de cow-boy
   - le fil de fer barbelé
   - les gants
   - la chemise en flanelle
   - le chapeau

2. avant le concert
   - faire la queue
   - réserver une place
   - rentrer chez vous
   - acheter un billet

3. les endroits *(places)*
   - la corde
   - le stade
   - le ranch
   - la prairie

4. la vie de cow-boy
   - escorter du bétail
   - parquer la voiture
   - guider le bovin
   - élever un troupeau de vaches

5 RÊVE OU RÉALITÉ?

Êtes-vous de nature rêveuse ou, au contraire, êtes-vous très réaliste?
Pour le savoir, faites vite ce test de personnalité.

1. Au magasin, vous voyez un vêtement très cher qui vous plaît beaucoup. Que faites-vous?

   a. Vous essayez d'en trouver un autre similaire, mais moins cher.

   b. Vous calculez combien vous devez économiser *(to save)* pour pouvoir l'acheter.

   c. Vous vous imaginez à l'école habillé(e) avec ce vêtement.

2. Vous allez voir le Wild West Show à Euro Disney. Comment réagissez-vous?

   a. Vous applaudissez et vous vous amusez bien car c'est un bon spectacle.

   b. Vous essayez de vous imaginer comment était le vrai Buffalo Bill.

   c. À la fin du spectacle, vous avez décidé de partir habiter dans un ranch.

3. Vous lisez un livre sur les exploits d'un héros du Far West. Quelle est votre réaction?

   a. Vous vous demandez si tout est vrai, si l'auteur n'exagère pas un peu.

   b. Vous vous inspirez de ce héros pour accomplir plus dans votre vie.

   c. Vous aimeriez *(would like)* rencontrer cette personne et discuter avec elle pendant des heures.

4. Votre ami(e) vous demande ce que vous voulez faire ce week-end. Où préférez-vous aller?

   a. au musée d'histoire naturelle

   b. au concert

   c. au cinéma

Résultats

Comptez votre nombre de **a**, **b** et **c** puis lisez le résultat correspondant. Êtes-vous d'accord avec ce résultat?

Majorité de a: Vous êtes une personne très réaliste. Vous aimez être bien informé(e) sur les événements présents ou passés. Pour vous, rêver est inutile. Vous préférez agir plutôt que *(rather than)* perdre votre temps à imaginer des situations impossibles.

Majorité de b: Vous avez les pieds sur terre, mais vous ne détestez pas vous évader de la réalité en utilisant votre imagination. Quand vous avez un problème, vous savez l'analyser et prévoir les conséquences possibles de façon réaliste.

Majorité de c: Vous avez beaucoup d'imagination et cela vous mène à rêver à toutes sortes de choses. Face à un problème, vous imaginez une multitude de conséquences, ce qui peut vous donner de l'anxiété.

6 À VOTRE TOUR

Pour chaque question, choisissez la réponse qui correspond le mieux
à votre opinion personnelle puis expliquez pourquoi.

1. Pourquoi l'Ouest américain fait-il rêver les Français en 1889?
   - Parce que c'est un pays où tout le monde peut devenir un héros.
   - Parce que c'est un pays où les gens sont libres.
   - Parce qu'ils lisent des histoires exagérées sur les exploits des cow-boys.

2. Pourquoi Euro Disney a-t-il décidé de recréer le Wild West Show?
   - Parce que c'est un spectacle légendaire et typiquement américain.
   - Parce que les Français sont toujours fascinés par Buffalo Bill.
   - Pour rendre hommage à la troupe originale du Wild West Show.

Activité
7 EXPRESSION PERSONNELLE

Vous avez l'occasion d'organiser un grand spectacle! Alors, quelle
sorte de spectacle organisez-vous? Qui seront vos spectateurs?
Vos acteurs? Est-ce que ce sera un spectacle sérieux ou amusant?
Organisez vos idées dans un diagramme. Quand vous aurez fini,
créez une publicité pour annoncer votre spectacle.

| mon spectacle | ⟹ | 1. Clint Eastwood joue le rôle de cow-boy. | ⟹ | 2. |

Note CULTURELLE

De son cheval, un cow-boy guide un
troupeau de chevaux sauvages à travers
la plaine. Sommes-nous au Texas? Non,
nous sommes en **Camargue,** la région
où travaillent les cow-boys français.
La Camargue est une région marécageuse
(marshy) située au sud-est de la France, sur
la mer Méditerranée. Le bétail est gardé par des cow-boys
appelés des gardians. Ils portent en général de grandes bottes,
un large chapeau noir et un long bâton pour guider les animaux
à travers les marécages.

FRANCE

Camargue

STRATÉGIES DE LECTURE

● Soyez sûr(e) que vous comprenez ce que font les cinq associations mentionnées dans le texte.

● Parcourez le texte. Notez tous les mots dans le domaine de la santé qui sont similaires à l'anglais.

À VOUS

Donnez votre opinion personnelle.

1 Le but d'une organisation humanitaire est de (d')...

  a. gagner beaucoup d'argent

  b. aider les autres

  c. protéger l'environnement

2 Un(e) bénévole *(volunteer)* n'est pas...

  a. payé(e)

  b. sympa

  c. généreux (généreuse)

3 Un exemple d'une organisation humanitaire est...

  a. la Croix-Rouge

  b. Greenpeace

  c. a et b

LECTURE 14

Les docteurs de l'humanité

Les docteurs de Médecins sans Frontières arrivent en train.

Est-ce que vous pensez faire une carrière médicale? Pour certains médecins français, la médecine est aussi une affaire humanitaire. En 1971, Philippe Bernier, Bernard Kouchner, Xavier Emmanuelli et Jacques Béres travaillent dans des pays d'Afrique où la famine tue près de deux millions d'enfants. Les médecins décident d'agir.[1] Ils créent une nouvelle association, appelée «Médecins sans Frontières.»

[1] to take action

VOCABULAIRE

souffrir On **souffre** quand on est très triste ou quand on est malade. Une personne qui a la grippe *(flu)* **souffre** de la fièvre *(fever)*.

l'infirmier/l'infirmière Dans un hôpital, les **infirmiers** aident le médecin. Florence Nightingale est **une infirmière** célèbre.

intervenir L'Organisation des Nations unies **intervient** souvent pour mettre fin aux conflits armés entre deux pays.

soigner Un médecin **soigne** un(e) malade avec des médicaments pour qu'il (qu'elle) retrouve la santé.

Un médecin avec
sa patiente

Au début...

Au début, en 1971, deux cent soixante médecins sont membres de la nouvelle association. Sept ans plus tard, ils sont trois mille! L'association a souvent des difficultés financières. Tous les membres et certains médecins donnent de l'argent pour financer les missions. Bientôt, les bénévoles apportent leur aide au monde entier. Ils sont en Asie, en Afrique, en Amérique latine et en Haïti.

Des conditions dangereuses

Les médecins ne sont pas payés pour les missions de moins de trois mois. S'ils restent plus longtemps, ils reçoivent seulement quatre mille francs (environ sept cents dollars). Mais on trouve toujours des volontaires qui sont prêts à travailler. Les Médecins sans Frontières travaillent souvent en collaboration avec la Croix-Rouge et l'Organisation des Nations unies (O.N.U.). Ils apportent leur aide d'urgence là où il y a des catastrophes naturelles (tremblements de terre,[1] inondations...), des zones de conflit ou des camps de réfugiés. Les conditions de travail sont souvent très rudimentaires et quelquefois dangereuses.

[1] earthquakes

Un travail constant

Médecins sans Frontières est devenu une association célèbre. Elle est aujourd'hui constituée de médecins, d'infirmières et de personnel paramédical. Tous offrent leur temps et leur expertise pour aider les gens qui souffrent. Pour devenir bénévole, il faut d'abord passer une interview. Cela permet de déterminer les motivations du candidat et d'éliminer ceux qui cherchent l'aventure ou la gloire. Puis le candidat peut suivre une formation supplémentaire, sur les maladies tropicales par exemple. Le travail ne manque pas, malheureusement. Bernard Kouchner dit: «Si les appareils humanitaires sont de plus en plus nombreux ... c'est parce que les drames se multiplient.»

Une action plus large

Beaucoup sont conscients de l'urgence. L'association est maintenant internationale. Elle intervient dans plus de soixante pays différents. Son rôle aussi s'est élargi. Les bénévoles assurent la formation de personnel paramédical local qui pourra continuer à soigner les malades une fois leur mission terminée. L'accent est aussi mis sur la prévention et l'éducation sanitaire. Bernard Kouchner affirme que: «La télévision a banalisé[1] l'horreur, oui, mais elle l'a rendue perceptible.»

Un médecin soigne un malade.

La multiplication des associations

Bernard Kouchner, devenu ministre au gouvernement français, a créé Médecins du Monde en 1980. Ses trois mille bénévoles actifs s'ajoutent aux cinq mille membres de Médecins sans Frontières. Il faut aussi mentionner les Médecins aux Pieds Nus. Le but de cette association est d'envoyer des médecins qui peuvent soigner les populations en utilisant uniquement les techniques traditionnelles et les produits locaux, comme l'acupuncture et les plantes.

Le combat continue

Malheureusement, le travail de ces associations ne diminue pas. Les bénévoles de Médecins sans Frontières se battent[2] pour sauver les victimes de toutes les catastrophes, humaines ou naturelles. Ils abandonnent pour un temps le confort et l'aisance[3] matérielle pour offrir aux autres ce qu'il y a de plus précieux: un nouvel espoir[4] de vie.

[1] made commonplace   [2] fight   [3] ease   [4] hope

AVEZ-VOUS COMPRIS?

Complétez les phrases suivantes avec la réponse correcte.

1. Les médecins ne sont pas payés pour les missions de moins de (d')…
   a. un an
   b. trois semaines
   c. trois mois

2. …est un exemple de catastrophe naturelle.
   a. La barbarie
   b. Un tremblement de terre
   c. Une maladie tropicale

3. L'acupuncture est une technique traditionnelle utilisée par…
   a. les Médecins aux Pieds Nus
   b. Xavier Emmanuelli
   c. les Médecins sans Frontières

4. Les dirigeants de Médecins sans Frontières ne veulent pas de candidats qui recherchent…
   a. la gloire
   b. une formation supplémentaire
   c. du travail

EXPÉRIENCE PERSONNELLE

Les membres de Médecins sans Frontières donnent leur temps et leur expertise pour très peu d'argent. Choisissez une personne que vous connaissez [un membre de votre famille, un(e) ami(e), un professeur, vous, etc.] qui est bénévole pour une association. Qu'est-ce que cette personne fait? Pourquoi? Avec un(e) partenaire, discutez des personnes que vous avez choisies. Puis comparez-les à l'aide d'un diagramme Venn.

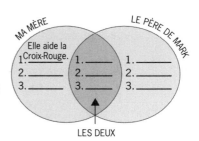

Ces jeunes Français sont bénévoles dans un Restaurant du Coeur (soup kitchen).

ENRICHISSEZ VOTRE VOCABULAIRE

La santé *health*

chez le médecin *at the doctor's*
l'auscultation *(f.)* *listening to the organs (heart, lungs, etc.)*
le cabinet médical *doctor's office*
le diagnostic *diagnosis*
l'examen *(m.)* **médical** *medical examination*

l'ordonnance *(f.)* *prescription*
le patient/la patiente *patient*
examiner *to examine*
guérir *to cure*
soigner *to treat (a disease)*
la guérison *recovery*

À l'hôpital *At the hospital*

la blessure *wound*
le chirurgien/la chirurgienne *surgeon*
l'infirmier/l'infirmière *nurse*
l'opération *(f.)* *surgery*
la radiographie *X ray*

le radiologue *radiologist*
les soins *(m.)* *care*
opérer *to operate on*
passer une radio *to have an X ray*

Chez le dentiste *At the dentist's*

la carie *cavity*
le mal de dent *toothache*
la roulette *drill*
les soins *(m.)* **dentaires** *dental care*

avoir mal aux dents *to have a toothache*
se brosser les dents *to brush one's teeth*
faire un plombage *to fill a tooth*

Chez le pharmacien *At the pharmacist's*

l'aspirine *(f.)* *aspirin*
la bande *bandage*
la compresse *compress*
le désinfectant *disinfectant*
le médicament *medicine*
le pansement *dressing*

les pastilles *(f.)* **pour la gorge** *throat lozenges*
la pommade *ointment*
le sirop contre la toux *cough syrup*
le sparadrap *band-aid*
la trousse de secours *first-aid kit*

avoir une fièvre de cheval
to have a very strong fever

prendre un remède de cheval
to take very strong medicine

être un vrai cheval
to be in very good health

Activité 1 TOUT LE MONDE EST MALADE!

Complétez les phrases suivantes avec les mots appropriés d'**ENRICHISSEZ VOTRE VOCABULAIRE**.

1. Anne a mal aux dents et le dentiste lui dit qu'elle a une —.
   Il va lui faire un —.

2. Vous êtes malade et vous avez été chez le médecin. Ensuite, vous allez à la pharmacie et vous donnez l'— de votre médecin au pharmacien.

3. Marc a très mal à la tête. Son père lui dit de prendre de l'—.

4. Aline est tombée de vélo et elle a très mal au bras. À l'hôpital, le — va lui faire une — pour savoir si son bras est cassé *(broken)*.

5. Jennifer a une fièvre de cheval. Sa mère lui met une — sur la tête.

6. Luc a la grippe *(flu)*. Il prend des — pour calmer son mal de gorge.

Activité 2 MÉDECINS SANS FRONTIÈRES

Complétez la grille à l'aide des définitions données. Vous verrez apparaître pour qui travaillent les docteurs de Médecins sans Frontières.

1. Ce qu'utilisent les bénévoles de Médecins aux Pieds Nus pour soigner les populations

2. Nom de famille du fondateur de Médecins du Monde qui a été ministre au gouvernement français

3. Couleur qui fait partie du nom d'une organisation célèbre

4. Ces assistantes médicales partent aussi en missions

5. Kouchner dit qu'ils se multiplient

6. Initiales de l'organisation internationale qui regroupe tous les pays du monde

7. Ce que passent les candidats qui désirent partir en mission avec Médecins sans Frontières

8. Position de Bernard Kouchner dans le gouvernement français

9. Avec l'éducation sanitaire, c'est une action importante pour éviter les maladies

Les Médecins sans Frontières travaillent pour —'—!

③ LA TROUSSE DE SECOURS

Regardez cette illustration puis répondez aux questions en donnant
votre opinion personnelle.

1. Regardez cette illustration
   et faites une liste du contenu.

2. Est-il nécessaire d'avoir
   cette trousse à la maison?
   Pourquoi ou pourquoi pas?

3. Allez-vous acheter cette trousse?
   Pourquoi ou pourquoi pas?

④ QUE SE PASSE-T-IL?

Décrivez chaque scène illustrée en donnant le plus de détails possibles
sur la situation. Utilisez votre imagination!

1.

2.

3.

⑤ À VOTRE TOUR

Est-ce qu'il y a une association bénévole là où vous habitez? (Si non, faites des recherches pour en trouver une dans une autre ville.) Qu'est-ce que cette association fait? Imaginez que vous travaillez pour ce groupe et que vous avez besoin de bénévoles. Faites un poster qui annonce tout ce que cette association fait. Votre but *(goal)* est d'attirer beaucoup de bénévoles–il y a beaucoup de travail à faire!

Activité

⑥ EXPRESSION PERSONNELLE

Pour réussir à l'école, il faut être en bonne santé. Faites la liste de cinq choses que vous faites et que vous désirez faire pour rester en bonne santé. Utilisez 2 diagrammes pour organiser vos idées. Puis faites un poster qui explique votre méthode pour réussir à l'école. Présentez votre travail à la classe.

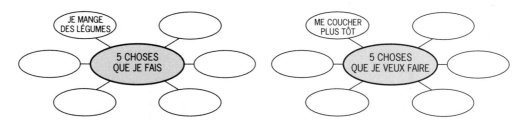

JE MANGE DES LÉGUMES — 5 CHOSES QUE JE FAIS

ME COUCHER PLUS TÔT — 5 CHOSES QUE JE VEUX FAIRE

Note CULTURELLE

Il y a plusieurs façons de découvrir le monde et d'élargir son horizon. Beaucoup de jeunes Canadiens partent faire du bénévolat *(volunteer work)* à l'étranger. Ils utilisent les services de *Jeunesse Canada Monde* qui organise des programmes d'échanges. Ainsi, de jeunes Canadiens entre 17 et 20 ans partent dans des pays où ils vivent dans des familles d'accueil *(host)*. Ils participent à la vie de la communauté en tant que *(as)* bénévoles. Pour plus de renseignements, contactez *Jeunesse Canada Monde* à Montréal.

PLUS DE 25 ANS D'ÉCHANGES INTERNATIONAUX !

Jeunesse Canada Monde   Canada World Youth

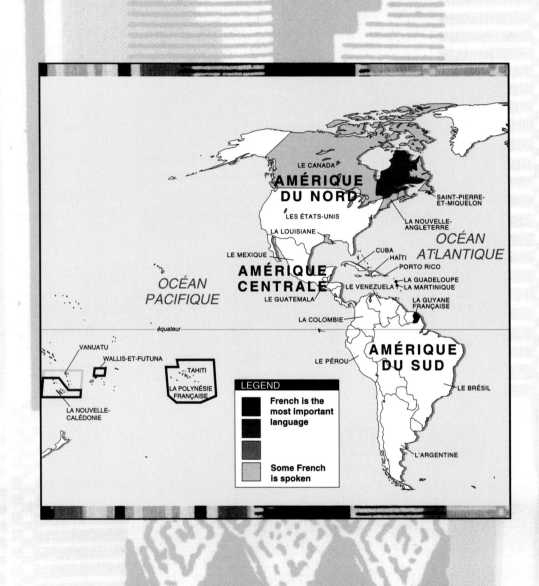

LE CANADA

AMÉRIQUE
DU NORD

LES ÉTATS-UNIS

LA LOUISIANE

SAINT-PIERRE-
ET-MIQUELON

LA NOUVELLE-
ANGLETERRE

OCÉAN
ATLANTIQUE

LE MEXIQUE

CUBA
HAÏTI
PORTO RICO

AMÉRIQUE
CENTRALE

LE GUATEMALA

OCÉAN
PACIFIQUE

LA GUADELOUPE
LE VENEZUELA   LA MARTINIQUE

LA GUYANE
FRANÇAISE

LA COLOMBIE

équateur

VANUATU

WALLIS-ET-FUTUNA

TAHITI

LA POLYNÉSIE
FRANÇAISE

LA NOUVELLE-
CALÉDONIE

AMÉRIQUE
DU SUD

LE PÉROU

LE BRÉSIL

LEGEND

◼ French is the
   most important
   language

Some French
is spoken

L'ARGENTINE

CONTES DU MONDE FRANCOPHONE

LA NORVÈGE
LA SUÈDE
LE DANEMARK
L'ALLEMAGNE
LES ÎLES ANGLO-NORMANDES
L'IRLANDE
L'ANGLETERRE
LA FRANCE
EUROPE
MONACO
ANDORRE
LE PORTUGAL
L'ESPAGNE
LA CORSE
LE MAROC
L'ALGÉRIE
LA BELGIQUE
LE LUXEMBOURG
LA POLOGNE
LA SUISSE
LE VAL D'AOSTE
L'ITALIE
ISRAËL
LA TUNISIE
L'ÉGYPTE
LE LIBAN
ASIE
LA RUSSIE
LA CHINE
L'INDE
LA CORÉE DU NORD
LE JAPON
LA CORÉE DU SUD
OCÉAN PACIFIQUE
LA MAURITANIE
LE MALI
LE NIGER
LE TCHAD
LE SÉNÉGAL
LA GUINÉE
LE BURKINA FASO
LA CÔTE D'IVOIRE
AFRIQUE
LE TOGO
LE BÉNIN
LE CAMEROUN
LE GABON
LE CONGO
LE ZAÏRE*
DJIBOUTI
PONDICHÉRY
LA RÉPUBLIQUE CENTRAFRICAINE
LE RWANDA
LE BURUNDI
LES SEYCHELLES
COMORES
MAYOTTE
L'ÎLE TROMELIN
L'ÎLE MAURICE
LA RÉUNION
MADAGASCAR
L'ÎLE EUROPA
L'ÎLE BASSAS DA INDIA
LE LAOS
LE CAMBODGE
LE VIÊT-NAM
LES PHILIPPINES
L'INDONÉSIE
OCÉAN INDIEN
AUSTRALIE
OCÉAN ATLANTIQUE
L'ÎLE AMSTERDAM
L'ÎLE SAINT-PAUL
LES ÎLES CROZET
LES ÎLES KERGUELEN
*République démocratique du Congo (le Congo démocratique)

LECTURE 15
Trois contes du Niger *Niger, Afrique*

LECTURE 16
Le roi d'Au Lac *Viêt-nam, Asie*

TROIS CONTES DU

STRATÉGIES DE LECTURE

● Parcourez le texte et relevez *(note)* tous les mots qui indiquent que l'action se passe dans le monde des animaux.

● Lisez attentivement les descriptions des animaux. Notez ce que chaque animal symbolise et s'il symbolise les mêmes choses dans les trois contes.

À VOUS

Donnez votre opinion personnelle.

1 Le rat symbolise...

   a. la ruse
   b. la stupidité
   c. la malice

2 En général, les contes...

   a. ont des éléments fantastiques
   b. sont oraux et pas écrits
   c. n'ont que des personnages humains

3 Dans les contes, les animaux...

   a. s'occupent des gens
   b. montrent la stupidité des gens
   c. obéissent aux gens

Note CULTURELLE   Le Niger

- Climat: Sahélien
  Il y a deux saisons:
  la saison sèche (d'octobre à juin)
  la saison humide (de juin à octobre).
  La température maximale est de
  46°C (115°F).
- Ethnies: Haoussa, Peuls, Touaregs
- Langue officielle: Français
- Capitale: Niamey
- Histoire: Au 7e siècle, le Niger fait partie du grand Empire Africain des Songhaï. Le Niger est une colonie française de 1922 à 1960.
- Le Niger est aussi le nom d'un immense fleuve *(river)* africain qui traverse le pays. Le Niger fait 4 200 kilomètres (2 609 miles) de long. Par comparaison, le Mississippi fait 3 780 kilomètres (2 348 miles) de long.

VOCABULAIRE

le hibou **Le hibou** est un oiseau nocturne qui vit dans les arbres. Il mange des rats et des souris. La nuit, on entend **le hibou** crier «hou-hou-hou!»

le vautour **Le vautour** est un gros oiseau rapace *(of prey)*. Il n'a de plumes ni sur la tête ni sur le cou.

le singe Le chimpanzé et le gorille sont des sortes de **singes. Le singe** est un animal intelligent qui aime jouer et faire des grimaces.

le lionceau Un **lionceau** est un petit lion qui n'est pas encore adulte.

l'araignée La tarantule est **une** énorme **araignée.** Beaucoup de personnes ont peur des **araignées.** Elles ont huit pattes et elles attrapent des mouches dans leur toile.

La tradition orale est très importante en Afrique. Elle permet de transmettre le folklore de génération en génération. Au Niger, les animaux sont souvent les personnages principaux de ces histoires anciennes. Voici une version de trois histoires nigériennes. Elles expliquent pourquoi le hibou est un oiseau de nuit, pourquoi l'hyène marche le dos baissé[1] et pourquoi l'araignée tisse[2] une toile.

[1]lowered   [2]weaves

Pourquoi le hibou ne sort que la nuit

Le hibou

Nous sommes il y a longtemps, au temps du grand royaume des animaux. Dans ce royaume, le hibou dort la nuit et sort le jour. En fait, il adore le soleil. Il passe des heures à voler dans le ciel bleu. Il aime planer[1] au-dessus du fleuve du Niger dans lequel il admire son reflet.

On vole un oeuf

Le rat, lui, reste sur terre. Il a toujours très faim. Un jour, il entre dans la ferme du roi et il vole un oeuf. Personne ne le voit. Malheureusement, c'est l'oeuf réservé pour le petit déjeuner du roi lion. Quand le lion apprend que son oeuf a disparu, il entre dans une colère noire. «Qui a pris mon oeuf?» rugit-il. Tout le monde tremble. «Qui a vu le voleur? Je vais interroger les animaux!»

Mots utiles	
l'autruche	*ostrich*
voler	*to fly*
	and ALSO
voler	*to steal*
Attention aux homonymes!	
Faites attention au contexte.	

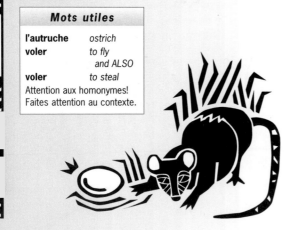

Qui a vu le voleur?

On amène l'autruche. Elle tremble de peur. «As-tu vu le voleur?» demande le lion.

«Non, Sire. Je n'ai rien vu!» répond l'autruche qui s'enfuit[2] à toute vitesse.

On amène l'hippopotame. Il a peur aussi. «Non, Sire, répond-il. Ce n'est pas moi. Je n'ai rien vu.» Et il part se cacher dans l'eau.

On amène la gazelle qui tremble. «Non, Sire, je ne sais pas qui a pris l'oeuf.» Et elle bondit[3] se cacher dans la savane.

Finalement, on amène le rat. «Sire, je sais qui a volé votre oeuf. C'est le hibou.»

La punition du hibou

Aussitôt, le roi décide de punir le hibou. Comme il n'a pas assez de preuves[4] pour le condamner, il décide de le laisser en liberté. «Mais tu ne pourras[5] sortir que[6] la nuit! Si tu sors le jour, tu seras chassé par mes gardes!»

Alors depuis ce jour, le hibou attend la nuit pour sortir. Maintenant, il vole à la lumière de la lune. C'est aussi depuis ce temps-là que le rat est l'ennemi du hibou!

Comprenez-vous?
• Que fait le hibou au début?
• Que fait le rat?
• Pourquoi le lion est-il en colère?

[1] to glide [2] runs away [3] leaps [4] proof
[5] will be able to [6] only

Pourquoi l'araignée tisse sa toile

Il y a très longtemps, le royaume des animaux était dans le ciel et le roi avait d'immenses pouvoirs.[1] Taw-Taw était l'un des habitants de ce royaume. C'était un animal fabuleux. Sa beauté était incroyable. Il avait des yeux couleur de lune et un corps de danseur. Il était agile, souple et très élégant. Malheureusement, Taw-Taw était aussi très arrogant.

Taw-Taw désobéit

Un jour, Taw-Taw décide de chasser toutes les créatures qu'il voit se promener sur la Terre. Il va demander la permission au roi. Le roi refuse. «Mais ces créatures sont inférieures!» s'exclame Taw-Taw. Le roi ne l'écoute pas. «Il y a assez de distractions ici au ciel, répond-il. Je t'interdis de le faire!»

Taw-Taw décide de désobéir. En secret, il fabrique un immense arc. Ses flèches sont si longues qu'elles touchent la Terre. Il commence à chasser. Le roi est furieux! «Taw-Taw! Tu as désobéi. Avec tes flèches, tu crées le chaos sur Terre. Donne-moi ton arc!»

Le roi accroche l'arc dans le ciel. Taw-Taw est vert de rage. Il se dispute avec le roi qui décide de le punir. «À partir de maintenant, tu vas habiter sur Terre. Quand tu seras calmé, tu reviendras[2] au ciel.»

Mots utiles		
désobéir	≠	obéir
chasser		to hunt
accrocher		to hang

Taw-Taw l'araignée

Sur Terre, Taw-Taw tourmente toutes les créatures. Fier de sa beauté, il pense qu'elles sont toutes laides. Le roi envoie un messager pour expliquer à Taw-Taw qu'il doit changer d'attitude. Taw-Taw se moque du messager! Alors, le roi perd patience. «Maintenant, tu t'appelles araignée!» dit-il. Et voilà Taw-Taw transformé en une étrange créature à huit pattes!

Taw-Taw pleure. Il veut demander pardon au roi. Seul le roi peut le transformer à nouveau. Mais pour cela, il doit aller au ciel. Alors, depuis, Taw-Taw l'araignée tisse sa toile pour grimper[3] au ciel. Mais la toile est fragile et Taw-Taw doit constamment la refaire. Et quand il pleut, il peut voir son ancien arc accroché dans le ciel. Les créatures de la Terre l'appellent l'arc-en-ciel.[4]

> **Comprenez-vous?**
> • Pourquoi est-ce que Taw-Taw chasse les créatures sur la Terre?
> • En quoi Taw-Taw est-il transformé?
> • Pourquoi est-ce que Taw-Taw tisse sa toile pour grimper au ciel?

[1] power [2] will come back [3] to climb [4] rainbow

Pourquoi l'hyène marche le dos baissé

Le concours de danse

Un jour, le roi lion décide d'organiser un concours de danse. Le meilleur danseur gagnera la place de favori du roi. Bien sûr, tous les animaux sont intéressés. Arrive le jour du concours. Tous les candidats sont prêts. Le jury est composé du roi, de l'hyène et de grands singes. Les lionceaux, qui sont les enfants du lion, sont là aussi.

Les animaux dansent

C'est le serpent qui commence. Il ondule, rampe,[1] fait des anneaux[2]... C'est intéressant, mais à la fin, il siffle[3] et montre ses dents venimeuses. On décide qu'il est trop dangereux pour devenir favori.

L'éléphant est le suivant. Il tape des pieds, tourne, marche sur deux pattes... À chaque pas,[4] le sol tremble sous son poids. Il est trop lourd pour être favori.

L'hippopotame le remplace, mais il a des problèmes. Il n'a pas beaucoup d'énergie. On se moque un peu de lui et il se fâche. Finalement, on décide qu'il est trop lent pour le poste.

Arrive l'antilope. Comme elle est gracieuse! Comme elle est légère! Pour montrer son appréciation, le lion rugit. L'antilope panique et s'enfuit!

Le vautour apparaît. Il balance la tête, avance à petits pas. Il est comique, mais il n'est pas élégant. Le lion décide qu'il n'est pas assez beau pour être favori. Déçu, le vautour part la tête basse.[5]

L'autruche

Enfin vient le tour de l'autruche. Avec ses belles plumes noires et blanches, elle est impressionnante. Elle danse très bien, fait des pirouettes, bat[6] des ailes. C'est un spectacle magnifique.

«Voyez, Majesté, dit l'hyène. L'autruche est ma cousine. Elle est de ma famille. C'est moi qui lui ai appris à danser.»

«Vraiment?» dit le lion.

Mots utiles	
un concours	*contest*
venimeux (venimeuse) =	**qui contient du poison**
être blessé	*to be hurt or wounded*

Comprenez-vous?
- Qu'est-ce que le jury pense de l'hippopotame?
- Qu'est-ce que le jury pense de l'autruche?

[1] crawls [2] rings [3] hisses [4] step
[5] with his head lowered [6] flaps

«Oui, je suis responsable de tout ce qu'elle fait!» L'hyène ne dit pas la vérité, mais elle est sûre que l'autruche va gagner. Si l'autruche devient la favorite, l'hyène le sera aussi, n'est-ce pas?

Un accident

L'autruche danse frénétiquement. Un des lionceaux décide de danser avec elle. L'autruche ne le voit pas. Par accident, elle donne un grand coup de pied au petit lion. Il a très mal. La musique s'arrête. Tout le monde est figé[1] sur place. L'autruche comprend son erreur et s'enfuit à toute vitesse. Elle ne regarde pas où elle va. À son passage, elle casse la chaise du roi d'un coup de patte!

L'hyène est punie

Le roi est furieux. Son lionceau n'est pas blessé, mais il a eu très peur. «Hyène! rugit le lion. Ta cousine a frappé mon fils! Tu es responsable!» L'hyène tremble. «Viens ici!» ordonne le lion. L'hyène s'approche lentement. «Puisque l'autruche a aussi cassé ma chaise, je vais m'asseoir sur toi en punition!» Et le lion s'assied sur le dos de l'hyène qui ne dit rien. La fête continue toute la nuit. Finalement, c'est la panthère qui gagne.

Une bonne leçon

Le lendemain matin, l'hyène se réveille. Elle va se regarder dans l'eau du Niger. Le bas de son dos s'est abaissé![2] «Que se passe-t-il?» se demande-t-elle. Puis elle comprend: le lion est resté assis sur elle toute la nuit. Elle va garder la marque de son poids pour toujours! «Ah bah! Tant pis, se dit-elle. Cela m'apprendra à m'attribuer les mérites d'un autre.» Et depuis ce jour, l'hyène a le dos plus bas que les épaules, et dans la savane elle rit souvent au souvenir de sa propre stupidité.

Comprenez-vous?
- Quel est l'accident?
- Que fait l'hyène?
- Quelle est la leçon pour l'hyène?

---

[1] frozen [2] lowered

AVEZ-VOUS COMPRIS?

Complétez les phrases suivantes avec le choix qui convient.

1. Le rat...
   a. est mangé par le hibou
   b. vole l'oeuf du roi lion
   c. entre dans une colère noire

2. Le hibou n'aime pas le rat parce que...
   a. le rat a volé l'oeuf du hibou
   b. le hibou a été puni pour un crime commis par le rat
   c. le rat est le meilleur ami du lion

3. Le prix du concours de danse est...
   a. cent dollars
   b. la place de favori du roi
   c. une chaise

4. Le lionceau a un accident: ...
   a. il perd le concours
   b. il a le dos baissé
   c. il reçoit un grand coup de pied de l'autruche

5. L'animal qui gagne le concours est...
   a. l'antilope
   b. l'autruche
   c. la panthère

6. L'hyène rit...
   a. à cause de sa propre stupidité
   b. parce que les lionceaux sont amusants
   c. parce qu'elle se moque du roi

7. Taw-Taw a...
   a. un long cou
   b. un corps souple
   c. un dos bas

8. Taw-Taw est devenu une araignée parce qu'il...
   a. voulait tisser une toile pour descendre sur la Terre
   b. a désobéi au roi
   c. s'est fait des amis chez les insectes

EXPÉRIENCE PERSONNELLE

Maintenant que vous avez lu ces trois contes nigériens, vous connaissez l'ancien royaume des animaux. Choisissez deux animaux qui sont des personnages dans une de ces histoires. Puis comparez dans un diagramme quelques caractéristiques de ces animaux. Soyez *(be)* le plus précis(e) possible!

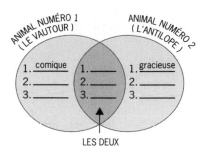

ANIMAL NUMÉRO 1
(LE VAUTOUR)

ANIMAL NUMÉRO 2
(L'ANTILOPE)

1. comique
2. _____
3. _____

1. _____
2. _____
3. _____

1. gracieuse
2. _____
3. _____

LES DEUX

ENRICHISSEZ VOTRE VOCABULAIRE

Les animaux: parents et petits

LE PÈRE	LA MÈRE	LE PETIT
le lion	la lionne	le lionceau
le taureau	la vache	le veau
le cheval	la jument	le poulain
le canard	la cane	le caneton
le coq	la poule	le poussin
le chat	la chatte	le chaton
le chien	la chienne	le chiot

Actions animales

onduler *to move in waves*
ramper *to crawl*
balancer *to swing*
planer *to glide above*
rugir *to roar*
s'enfuir *to flee*
bondir *to leap*
chasser *to hunt*
siffler *to hiss*
battre (des ailes) *to flap (wings)*
tisser (une toile) *to spin (a web)*
grimper *to climb*

1 LES MÈRES ET LEURS PETITS

Quels sont les noms de ces mères et de ces petits?

1

3

2

4

2 LES ANIMAUX

Selon le folklore nigérien, chaque animal symbolise un trait de caractère spécifique. Faites correspondre les animaux avec les traits de caractère appropriés.

1. l'éléphant   **a.** l'intelligence

2. le lion   **b.** la stupidité

3. l'hyène   **c.** la grâce

4. le singe   **d.** la ruse

5. le serpent   **e.** la fidélité

6. le chien   **f.** la royauté

7. la gazelle   **g.** la force

3 QU'EST-CE QU'ILS FONT?

Complétez les phrases suivantes pour exprimer ce que font ces animaux. N'oubliez pas de conjuguer les verbes!

onduler	rugir
crier	grimper
tisser	planer

1. Les serpents ___ pour avancer.

2. Taw-Taw l'araignée n'est pas content de son nouveau «look.»
   Il ___ sa toile vers le ciel pour aller parler au roi.

3. Pour jouer et chercher des bananes, les singes ___ dans les arbres.

4. La nuit, le hibou ___ «hou-hou-hou!»

5. Les oiseaux ___ gracieusement dans le ciel.

6. Le lion ___ pour faire peur aux autres animaux.

Activité 4 · UN CONTE ÉTRANGE

Demandez à un(e) partenaire
(ou à la classe) de vous donner
les mots nécessaires pour compléter
l'histoire. Ne montrez pas l'histoire
avant qu'elle soit finie *(is finished)*!
Quand vous avez écrit tous ces mots,
lisez l'histoire à la classe.

> *Il était une fois, à* $\underline{\text{nom d'une ville}}_{1.}$*,*
>
> *un(e)* $\underline{\text{nom}}_{2.}$ *qui avait les* $\underline{\text{partie du corps}}_{3.}$ *qui*
>
> $\underline{\text{verbe d'action (imp.)}}_{4.}$ *d'une force extraordinaire.*
>
> *Un jour il a rencontré son ami.* $\underline{\text{«exclamation!»}}_{5.}$
>
> *a-t-il dit. «Je suis très* $\underline{\text{adjectif}}_{6.}$ *de te voir!»*
>
> *L'ami, qui était* $\underline{\text{adjectif}}_{7.}$*, a* $\underline{\text{verbe d'action (p.c.)}}_{8.}$
>
> *à toute vitesse.*

Activité 5 · À VOTRE TOUR

En groupe, préparez un des trois contes que vous avez lus pour
le présenter à la classe. Choisissez un mode de présentation
(récitation, mime, dialogue, théâtre...), puis écrivez des dialogues
supplémentaires ou peut-être un texte pour le narrateur si c'est
nécessaire. Votre groupe peut aussi faire des costumes et des décors!
Ensuite, présentez votre spectacle à la classe.

Activité 6 · EXPRESSION PERSONNELLE

Quel conte avez-vous le plus aimé? Faites un
sondage pour trouver combien d'étudiants
ont aimé chaque conte et pourquoi. Utilisez
un tableau pour classifier les résultats.

QUI?	SON CONTE FAVORI?	POURQUOI?
1.		
2.		
3.		

Note CULTURELLE

L'écrivain français Charles Perrault (1628-1703)
est célèbre pour son livre intitulé *Contes de
ma mère l'Oye (Mother Goose Tales)*. Il a écrit
La Belle au bois dormant (Sleeping Beauty),
Cendrillon (Cinderella) et *Le Petit Chaperon
rouge (Little Red Riding Hood)*. *La Belle et la Bête
(Beauty and the Beast)* a été écrit par Jeanne-Marie
Leprince de Beaumont au 18e siècle.

LES **CONTES** de Perrault

STRATÉGIES DE LECTURE

● Parcourez le texte et faites la liste des personnages. Notez qui est humain et qui est un animal.

● Quand vous lisez le texte, essayez de comprendre ce que chaque personnage symbolise. Notez les éléments magiques du conte.

À VOUS

Donnez votre opinion personnelle.

1 Un mariage peut être en difficulté à cause de...

   a. conflits de personnalité

   b. secrets cachés par chaque partenaire

   c. problèmes financiers

2 Quel conflit est le plus difficile à résoudre?

   a. un conflit entre deux rois ennemis

   b. un conflit entre mari et femme

   c. un conflit entre parent et enfant

3 Une tortue peut symboliser...

   a. la paresse

   b. le secret

   c. la sagesse

LECTURE 16

LE ROI D'AU LAC

Note **CULTURELLE**   Le vietnamien est la langue officielle du Viêt-nam. Mais savez-vous qu'on y parle aussi français? Le Viêt-nam moderne est formé de trois anciennes régions: l'Annam, le Tonkin et la Cochinchine. Entre 1859 et 1883, ces trois régions, avec le Cambodge et le Laos, deviennent une colonie française appelée l'Indochine. Le paysage vietnamien est d'une beauté et d'une tranquillité magnifiques.

ASIE

le Viêt-nam

OCÉAN PACIFIQUE

VOCABULAIRE

le royaume   **Un royaume** est un territoire gouverné par un roi (*king*) ou une reine (*queen*). La Grande-Bretagne fait partie du **royaume** de la reine Élisabeth II.

conquérir   **Conquérir** est l'action de gagner, de prendre de force un territoire ou un autre pays. Par exemple, en 1066, Guillaume le Conquérant **a conquis** l'Angleterre.

Note–**conquérir** se conjugue:
je **conquiers**	nous **conquérons**
tu **conquiers**	vous **conquérez**
il/elle **conquiert**	ils/elles **conquièrent**

les remparts (*m.*)   Les murs (*walls*) qui servent à protéger et à défendre une ville contre ses ennemis s'appellent les **remparts.**

le vainqueur   La personne qui gagne une bataille ou un match est **le vainqueur** de cette bataille ou de ce match.

trahir   Quand on révèle le secret d'un ami à une autre personne, on **trahit** cet ami.

IL ÉTAIT UNE FOIS,[1] au Viêt-nam, un roi qui désirait se marier. Se marier est généralement très simple...mais dans ce cas, l'idée du roi a provoqué une guerre. Cette histoire se passe il y a trois mille ans, dans la région nord du Viêt-nam. Il y est aussi question d'une tortue géante et d'un peu de magie...

Mots utiles	
il y est aussi question de...	*it's also about...*
les sujets (m.) =	les gens qui habitent dans le royaume
un ministre =	le messager du roi

UNE PROPOSITION REFUSÉE

Thuc est un petit royaume vietnamien très prospère. Do Nam, son roi, est respecté de ses sujets. Un jour, il appelle son ministre. Il dit: «Je désire épouser la princesse de Van Lang, le royaume voisin. Mon mariage avec cette princesse formera une bonne alliance.»

Le ministre part donner le message au roi de Van Lang. Le roi écoute puis répond: «Jamais! Thuc n'est pas un royaume assez important pour ma fille. Elle va épouser le roi de Chine!»

De retour au palais,[2] le ministre répète la réponse. Do Nam est rouge de colère. «C'est la guerre! Prépare mes armées!» dit-il. C'est ainsi que commence la guerre entre les royaumes de Van Lang et de Thuc.

Comprenez-vous?
- Qui est-ce que Do Nam veut épouser?
- Pourquoi Do Nam déclare-t-il la guerre?

UN NOUVEAU ROYAUME

Cinq ans plus tard, ils sont toujours en guerre. Finalement, Do Nam organise des attaques surprises. Quelques semaines plus tard, il est enfin victorieux et il conquiert Van Lang. Il doit maintenant gouverner un immense royaume qu'il appelle Au Lac.

[1]Once upon a time there was   [2]palace

LA FORCE DE LA TEMPÊTE

Comme Au Lac est un nouveau royaume, Do Nam décide de
construire une capitale digne de sa nouvelle autorité. Il choisit
un site près de la Rivière d'Argent. Mais quand les remparts sont
terminés, une tempête[1] terrible commence. Toute la nuit, la foudre
et la pluie attaquent les murs. Au matin, tout est détruit. Do Nam,
qui est têtu,[2] décide de faire construire de nouveaux remparts.
La même chose arrive: ils sont détruits. À chaque fois que de
nouveaux remparts sont terminés, une tempête se lève pour les
détruire. Do Nam va au bord de la rivière pour demander de l'aide
au génie de l'eau.

> **Comprenez-vous?**
> - Qu'est-ce qui arrive aux remparts?
> - Pourquoi est-ce que Do Nam va chez le génie de l'eau?
> - Que dit la tortue?

LA TORTUE D'OR

Une tortue géante sort de l'eau. Sa carapace[3] d'or brille
au soleil. «Je suis le messager du génie de l'eau, dit-elle. Je
viens pour t'aider. Le site que tu as choisi est hanté par les
génies des montagnes.»

Alors, avec l'aide de la tortue d'or, Do Nam combat les
génies des montagnes. C'est une bataille terrible. La foudre et le
tonnerre[4] font trembler les rochers, mais Do Nam est victorieux.
Il remercie la tortue et le génie de l'eau pour leur aide. Avant de partir,
la tortue lui donne ses griffes.[5] Elle explique: «Mets ces griffes à la place
des flèches[6] de ton arc et tu seras invincible. Bonne chance!»

Mots utiles	
la foudre	= les éclairs pendant un orage
hanté	= là où il y a des fantômes

[1]storm [2]stubborn [3]shell [4]thunder [5]claws [6]arrows

UNE MENACE

Do Nam construit une capitale magnifique. Avec ses hauts remparts elle a la forme d'une tortue. Do Nam décide d'appeler sa ville «La Cité de la Tortue,» en l'honneur du messager d'or.

Les années passent, tranquilles. Pendant ce temps, le roi de Chine conquiert tous les territoires autour de son royaume. L'ancien[1] roi de Van Lang, qui n'a pas oublié sa défaite, lui suggère d'envoyer ses armées prendre Au Lac. Le roi de Chine pense que c'est une bonne idée. Il ordonne à ses soldats de marcher vers le sud.

UNE VICTOIRE MAGIQUE

Do Nam, qui a appris les intentions du roi de Chine, se prépare à la guerre. Pendant deux ans, il gagne toutes les batailles. Mais finalement les soldats conquièrent la partie nord d'Au Lac. Puis ils font le siège de la Cité de la Tortue. Do Nam n'a pas peur. Il prend ses griffes magiques et monte sur les remparts. Il tire une, deux, trois fois. Tous les soldats ennemis commencent à courir. Ils abandonnent leur poste! Do Nam est le vainqueur!

> **Comprenez-vous?**
> - Pourquoi Do Nam est-il encore une fois en guerre?
> - Pourquoi les griffes sont-elles importantes?
> - Comment se passe la bataille entre Au Lac et la Chine?

UNE RUSE PACIFIQUE

«Votre Majesté est trop puissante[2] pour notre humble armée,» dit le général chinois à Do Nam. «Je vous propose de signer un traité[3] de paix.[4] En signe d'amitié et de respect, je vous envoie mon fils. Il vivra[5] avec vous dans votre palais.»

Do Nam, flatté et fier, accepte la proposition du général. Le jeune Chinois vient travailler au palais. Bien sûr, il garde ses intentions secrètes: il est là pour essayer de découvrir avec quelle magie le roi d'Au Lac a gagné la guerre.

> **Mots utiles**
>
> | | |
> |---|---|
> | la défaite | defeat |
> | pacifique | non-violent, calm |

[1]former [2]powerful [3]treaty [4]peace [5]will live

UN MARIAGE ROYAL

Au palais, le jeune Chinois rencontre la princesse My Chau, la fille unique du roi. Ils passent toutes leurs journées ensemble. Do Nam, qui adore sa fille, lui donne sa permission pour épouser le jeune Chinois. Au printemps, toute la Cité de la Tortue célèbre le mariage des deux jeunes gens. Les rues sont couvertes de fleurs de lotus roses. Le général chinois arrive pour assister à la cérémonie. Il veut aussi rappeler à son fils le but[1] de sa mission!

Mots utiles

un lotus = fleur chinoise
déposer = mettre

LA MISSION DU JEUNE CHINOIS

Le jeune Chinois doit obéir à son père. Il questionne sans cesse My Chau sur la puissance extraordinaire de son père. Un jour, la princesse trahit le secret des griffes de la tortue d'or. Cette nuit-là, son mari fait des copies des griffes qu'il substitue aux vraies. Maintenant, il doit aller donner les vraies griffes à son père. Le lendemain, il dit à My Chau: «Je veux rendre visite à mon père.»

My Chau le regarde. Elle devine qu'il y a un problème. Mais quoi? «J'ai peur, dit-elle. Je sens qu'il va arriver un malheur. Si je ne suis pas là quand tu reviens, regarde sur la route. Je déposerai mon manteau rouge pour indiquer le chemin que j'ai pris. Viens me chercher.»

Comprenez-vous?
- Que fait le roi de Chine?
- Qu'est-ce qui se passe entre My Chau et le jeune Chinois?
- Quelle erreur commet My Chau?

L'ENNEMI EST LÀ

Bien entendu, les Chinois décident d'attaquer Au Lac tout de suite. Ils ont les griffes magiques, leur victoire est assurée! Do Nam voit les soldats approcher avec calme. Il n'a pas peur. Avec ses griffes magiques, il est sûr de gagner! Quand les soldats sont près des remparts de la Cité de la Tortue, il va chercher son arc. Il tire une, deux, trois fois... Rien. Il entend les soldats ennemis rire. Il a juste le temps d'appeler My Chau qu'il emmène[2] avec lui sur son cheval.

[1]goal [2]takes away

MY CHAU DISPARAÎT

Ils galopent sur la route, mais l'ennemi est derrière eux.
My Chau jette son manteau de soie rouge pour indiquer leur
direction à son mari. Ils arrivent à la Rivière d'Argent, mais il n'y
a pas de bateau. L'ennemi approche vite. Do Nam prie le génie de
l'eau. «Aide-moi! S'il te plaît, aide-moi! Pourquoi es-tu soudain
mon ennemi?» La tortue d'or émerge.

«T'aider? dit-elle, pour quoi faire? Ton ennemi est ici avec toi!»
Do Nam regarde sa fille. Il voit le manteau rouge sur la route.
My Chau confesse son erreur. Elle n'a pas pensé aux conséquences.
«Vous devez travailler pour le génie de l'eau pour sauver votre père!»

«Je veux réparer mon erreur,» dit My Chau. Elle part dans la rivière
pour aller chez le génie. Do Nam s'assied sur la tortue qui traverse[1]
la Rivière d'Argent. Les soldats, incapables de les suivre, abandonnent
leur poursuite.

Mots utiles		
galoper	=	ce que font les chevaux quand ils courent très vite
soudain	=	tout d'un coup

LE ROI D'AU LAC

Le mari de My Chau est maintenant le roi d'Au Lac. C'est un roi
puissant, mais très triste. Les soldats lui ont expliqué comment sa
femme a disparu sous l'eau. Depuis, tous les jours, il dépose des fleurs
au bord de la Rivière d'Argent. Il a jeté les griffes de la tortue dans
l'eau aussi.

On dit qu'aujourd'hui encore, les nuits où la lune est claire, on
peut voir une ombre[2] hanter les bords de la Rivière d'Argent criant
«My Chau, My Chau...»

[1] crosses   [2] shadow

AVEZ-VOUS COMPRIS?

Complétez les phrases suivantes avec le choix qui convient.

1. Avant tout, Do Nam veut...
   a. se marier
   b. aller à la guerre
   c. bâtir *(build)* un royaume très prospère

2. Do Nam envoie son ministre pour...
   a. demander la main de la princesse du royaume voisin
   b. voler les secrets du roi de Chine
   c. protéger son pays

3. Au Lac est le nom...
   a. du nouveau royaume de Do Nam
   b. de l'endroit d'où vient la tortue
   c. de la fille de Do Nam

4. Do Nam construit sa capitale...
   a. en Chine
   b. à Thuc
   c. près de la Rivière d'Argent

5. Les remparts d'Au Lac sont...
   a. détruits par la tempête
   b. hantés par le génie de l'eau
   c. difficiles à bâtir

6. La tortue a...
   a. une carapace d'or
   b. des dents magiques
   c. des flèches invincibles

7. Le jeune Chinois est envoyé chez Do Nam...
   a. comme signe de respect entre le roi de Chine et Do Nam
   b. pour découvrir avec quelle magie Do Nam a gagné la guerre
   c. pour commander les armées de Do Nam

8. My Chau trahit son père, mais...
   a. elle veut réparer son erreur
   b. son père ne l'a jamais su
   c. cela n'a aucune conséquence

EXPÉRIENCE PERSONNELLE

Vous avez lu comment Do Nam a protégé son pays et sa famille. Et vous, est-ce que vous devez protéger les objets et les gens que vous aimez bien? Pensez à un objet ou une personne (ou un animal domestique) que vous protégez. Si c'est une personne ou un animal, qu'est-ce que vous faites pour assurer son bonheur? Si c'est un objet, pensez aux raisons pour lesquelles *(for which)* vous tenez à cet objet. Mettez vos idées dans une page de journal.

> *J'aime bien...*
>
> *Je l'aime parce que (qu')...*
>
> *J'assure le bonheur de cette personne (cet animal)....*
>
> *Je tiens à cet objet (cette personne, cet animal) parce que...*

ENRICHISSEZ VOTRE VOCABULAIRE

L'amour

se rencontrer *to meet*

sortir *to go out*

tomber amoureux/amoureuse (de quelqu'un) *to fall in love (with someone)*

être amoureux/amoureuse (de quelqu'un) *to be in love (with someone)*

aimer *to love*

adorer *to adore*

se fiancer *to get engaged*

se marier *to get married*

épouser *to marry*

célébrer *to celebrate*

le petit ami *boyfriend*

la petite amie *girlfriend*

le fiancé/la fiancée *fiancé*

les fiançailles (f.) *engagement*

le mariage *wedding*

le couple *couple*

le marié *groom*

la mariée *bride*

le mari *husband*

la femme *wife*

l'époux/l'épouse *spouse*

le bonheur *happiness*

1 QUI EST-CE?

Faites correspondre les noms avec les personnages décrits.

1. Do Nam   **A.** Avec la tortue, il aide le roi de Thuc
à gagner la guerre.

2. My Chau   **B.** Il est envoyé vivre à la Cité de la Tortue
par son père.

3. le jeune Chinois   **C.** C'est le messager du génie.

4. la tortue   **D.** Il est invincible grâce aux griffes magiques.

5. le génie de l'eau   **E.** Elle a trahi son père.

2 LA VIE DU ROI

Complétez les phrases avec des mots appropriés de la **Lecture**. Écrivez
les lettres numérotées *(numbered)* pour obtenir le nom de la capitale
de Do Nam.

1. La princesse My Chau trahit le _ _ _ _ _ de son père.
   ₁

2. Le jeune Chinois est le _ _ _ _ du général chinois.
   ₂

3. Au début de l'histoire, Do Nam gouverne le royaume de _ _ _ _ .
   ₃

4. À la fin, My Chau part chez le _ _ _ _ _ de l'eau.
   ₄

5. My Chau utilise son _ _ _ _ _ _ _ pour indiquer à son
   mari où elle est. ₅

6. À la fin, le mari de My Chau devient le _ _ _ d'Au Lac.
   ₆

7. La tortue d'or est le _ _ _ _ _ _ _ _ du génie de l'eau.
   ₇

8. Le général chinois propose un _ _ _ _ _ _ _ _ _ _ _ _
   parce qu'il comprend qu'il va perdre la guerre. ₈

9. Après la _ _ _ _ _ _ avec le roi de Van Lang, Do Nam forme
   un royaume immense. ₉

10. Avec les griffes de la tortue, Do Nam est le _ _ _ _ _ _ _ _ _ .
    ₁₀

Do Nam décide d'appeler sa ville «La _ _ _ _ **de la** _ _ _ _ _ _ **,»**
                                   1 2 3 4   5 6 7 8 9 10
en l'honneur du messager d'or.

Activité 3 SITUATIONS

Répondez aux questions suivantes avec des phrases complètes.

1. Imaginez que vous êtes Do Nam. Que faites-vous à la fin de l'histoire quand vous traversez la rivière? Expliquez vos actions.
2. Un génie vous accorde *(grants)* trois voeux *(wishes)*. Que demandez-vous? Faites la liste de ce que vous aimeriez être ou avoir. Expliquez pourquoi.

Activité 4 À VOTRE TOUR

En groupe, résumez *(summarize)* chaque paragraphe du texte en une ou deux phrases courtes. Puis illustrez chaque phrase avec un dessin *(drawing)*, une photo ou un collage. Mettez tout dans un petit livre avec une couverture originale.

Activité 5 EXPRESSION PERSONNELLE

En groupe ou avec la classe, composez votre propre conte.

| 1. Mon histoire s'appelle… | → | 2. Le personnage principal s'appelle… | → | 3. |

Note CULTURELLE

Une recette vietnamienne

Au Viêt-nam, on mange ce plat avec de la viande ou des légumes grillés, ou au lieu d'une salade. Vous pouvez aussi préparer cette recette avec des concombres, des radis, ou des navets *(turnips)*.

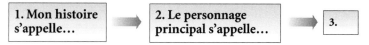

3 carottes	**1 grande cuillère de sucre**
1/2 tasse d'eau	**1/2 cuillère à thé de sel**
1/2 tasse de vinaigre	

1. Faites chauffer l'eau, le vinaigre, le sucre et le sel dans une casserole. Quand le sel et le sucre sont dissous, laissez refroidir un peu.
2. Coupez les carottes en petits morceaux. Soyez créatif (créative) —mais attention aux doigts! Mettez les carottes dans un grand bol.
3. Ajoutez le liquide aux carottes. Mettez le mélange *(mixture)* au réfrigérateur pendant au moins une heure. **Bon appétit!**

LES RÉPONSES CORRECTES

Note: As a general rule, answers will not be given for the following activities:
EXPÉRIENCE PERSONNELLE, À VOTRE TOUR and EXPRESSION PERSONNELLE.

LECTURE 1

AVANT DE LIRE
À vous *p. 2*
1. b   2. b   3. c

APRÈS LA LECTURE
Avez-vous compris? *p.6*
1. b   2. c   3. a   4. b

Activité 1 *p. 8*
1. d   2. e   3. a   4. c   5. b

Activité 2 *p. 8*
1. c   2. b   3. a   4. b   5. c   6. a

Activité 3 *p. 8*
1. l'alloco
2. l'Internet
3. tourisme
4. Yamoussoukro
5. première
6. septembre

Activité 4 *p. 9*
1. Pyrénées
2. kilomètres
3. camping
4. grottes
5. peintures
6. roches
7. vacances

LECTURE 2

AVANT DE LIRE
À vous *p. 10*
1. c   2. b   3. c

APRÈS LA LECTURE
Avez-vous compris? *p. 14*
1. vrai
2. vrai
3. faux - En général, les lémuriens dorment le jour.
4. vrai
5. vrai
6. faux - Il y a des parcs nationaux à Madagascar.

Activité 1 *p. 15*
1. d   2. e   3. f   4. b   5. c   6. a.

Activité 2 *p. 15*
1. cygne   3. vache; chèvre   5. aigle
2. coq   4. mouton   6. souris

Activité 3 *p. 15*
1. hauteur   3. vitesse   5. mesurer
2. peser   4. tonnes

Activité 4 *p. 16*
1. ours
2. aigle
3. daim
4. araignée
5. chat
6. chien
7. loup
8. serpent
9. tortue
10. cygne
11. hamster
12. cobaye

L'animal de Madagascar est le **caméléon.**

LECTURE 3

AVANT DE LIRE
À vous *p. 18*
1. a   2. b   3. b

APRÈS LA LECTURE
Avez-vous compris? *p. 22*
1. a   2. b   3. c   4. b

Activité 1 *p. 23*
1. g   3. f   5. d   7. a
2. e   4. h   6. b   8. c

Activité 2 *p. 23*

	¹V	E	R	I	T	E	
	²E	X	A	G	E	R	E
³B	E	T	I	S	E		

| ⁴O | H | L | A | L | A | |
| | | ⁵P | E | U | R | |

⁶E	M	B	E	T	A	N	T
⁷C	R	O	I	R	E		
	⁸B	L	A	G	U	E	S

L'expression française est «J'en ai **RAS LE BOL!**»

Activité 3 *p. 24*
1. a   2. c   3. c   4. b

Activité 4 *p. 24*
1. silencieux
2. signifient
3. geste
4. a mal
5. veut dire

LECTURE  4

AVANT DE LIRE
À vous *p. 26*
1. c   2. a

APRÈS LA LECTURE
Avez-vous compris? *p. 31*
1. b   2. a   3. b   4. a

Activité 1 *p. 32*
1. 1er janvier
2. fête des rois
3. Chandeleur
4. fête nationale

Activité 2 *p. 32*
1. facteur
2. **a**moureux
3. **d**éfilé
4. **ve**ille
5. **m**archer
6. porte-bonheur
Hier, c'était mon anniversaire. On m'a donné un beau **cadeau**.

LECTURE 5

AVANT DE LIRE
À vous *p. 34*
1. c   2. a   3. b

APRÈS LA LECTURE
Avez-vous compris? *p. 38*
1. a   2. b   3. c   4. c

Activité 1 *p. 39*
1. d   2. e   3. b   4. a   5. f   6. c

Activité 2 *p. 39*
1. château
2. trou
3. grotte
4. murs
5. dessins
6. bisons
7. exploration
8. taureaux
9. pieds

Activité 3 *p. 40*
Answers will vary.

Activité 4 *p. 40*

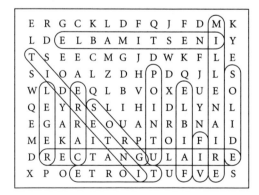

LECTURE 6

AVANT DE LIRE
À vous *p. 42*
1. b   2. b   3. a

APRÈS LA LECTURE
Avez-vous compris? *p. 46*
1. a   2. a   3. b

Activité 1 *p. 47*
l'ordinateur: le clavier; la souris; l'imprimante
la télévision: le magnétoscope; la console de jeux vidéo; la télécommande
le téléphone: le répondeur

Activité 2 *p. 47*

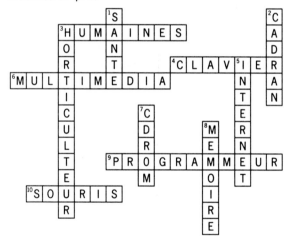

Activité 3 *p. 48*
A. caméscope
B. répondeur
C. baladeur
D. radio-réveil

LECTURE 7

AVANT DE LIRE
À vous *p. 50*
1. c   2. a   3. c

APRÈS LA LECTURE
Avez-vous compris? *p. 54*
1. faux - Ce texte présente deux athlètes algériens.
2. faux - Hassiba Boulmerka et Noureddine Morceli
   sont champions de course.
3. faux - Noureddine vient d'une famille de coureurs.
4. vrai
5. vrai

Activité 1 *p. 55*
1. c   2. e   3. b   4. d   5. a

Activité 2 *p. 55*
1. Algérie   4. la coupe; le podium
2. les supporters   5. de bronze
3. la gagnante

Activité 3 *p. 56*
1. courent   4. encouragez
2. monte   5. participons
3. remporte   6. courir

Activité 4 *p. 56*
1. Cet article annonce un festival national de cross-
   country.
2. Le festival s'appelle «Feul Haj Jilali El Oufir.»
3. Ce festival a lieu le 8 janvier à l'hippodrome
   Souissi de Rabat.
4. La Fédération Royale Marocaine d'Athlétisme
   aide à organiser ce festival.
5. Les participants des compétitions du Grand Prix
   national de cross-country de l'année sportive
   1997-1998 vont participer.

LECTURE 8

AVANT DE LIRE
À vous *p. 58*
1. a   2. c   3. b

APRÈS LA LECTURE
Avez-vous compris? *p. 62*
1. b   2. b   3. c   4. c

Activité 1 *p. 63*
1. d   2. a   3. b   4. e   5. c

Activité 2 *p. 63*

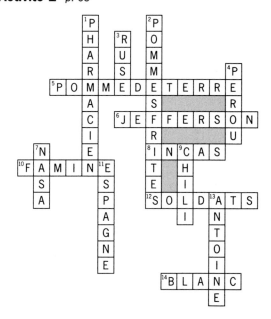

Activité 3 *p. 64*
Answers will vary.

Lecture 9

Avant De Lire

À vous *p. 66*
1. Answers will vary.   2. c   3. b

Après La Lecture

Avez-vous compris? *p. 70*
1. b   2. c   3. a   4. b

Activité 1 *p. 71*
1. d   2. e   3. a   4. f   5. c   6. b

Activité 2 *p. 71*
1. à l'extérieur
2. produits
3. milite
4. couche d'ozone
5. le plastique
6. recycler

Activité 3 *p. 71*
1. d   2. a   3. e   4. b   5. c

Activité 4 *p. 72*
1. Il faut
2. Il ne faut pas
3. Il faut
4. il ne faut pas
5. il faut

Lecture 10

Avant De Lire

À vous *p. 74*
1. b   2. b   3. a

Après La Lecture

Avez-vous compris? *p. 78*
1. b   2. c   3. a   4. c

Activité 1 *p. 79*
1. b   2. c   3. a   4. b   5. a   6. c

Activité 2 *p. 79*
1. b   2. a   3. c   4. a   5. c   6. a

Activité 3 *p. 80*
1. peignons
2. peignez
3. peins
4. peignent
5. peint

Activité 4 *p. 80*

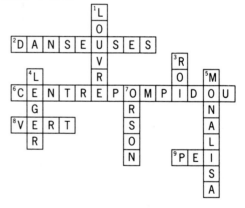

LECTURE 11

AVANT DE LIRE

À vous *p. 82*
1. b   2. c   3. b

APRÈS LA LECTURE

Avez-vous compris? *p. 86*
1. b   2. c   3. a   4. b

Activité 1 *p. 87*
1. La Révolution américaine
2. Naissance de Jean Laffite
3. George Washington est élu premier président des États-Unis.
4. Achat de la Louisiane
5. Expédition de Lewis et Clark
6. Jean Laffite établit son camp de pirates sur l'île de Galveston.

Activité 2 *p. 87*
1. commande   4. perdent
2. fait confiance   5. détruit
3. gagne

Activité 3 *p. 87*

```
        B A ¹T E A U X
        F ²R A N C E
        P R ³E S I D E N T
    J A C K ⁴S O N
M A D I S ⁵O N
          ⁶R O B I N D E S B O I S
```

Il y a un T R E S O R dans la gueule de l'alligator.
               1 2 3 4 5 6

Activité 4 *p. 88*
1. caché   5. coffre
2. carte   6. explorer
3. découverte   7. trouver
4. danger

LECTURE 12

AVANT DE LIRE

À vous *p. 90*
1. vrai
2. faux. Céline Dion est une artiste québécoise (canadienne).
3. vrai

APRÈS LA LECTURE

Avez-vous compris? *p. 94*
1. b   2. b   3. a   4. c

Activité 1 *p. 95*
1. joues / violon
2. joue / flûte
3. jouent / violoncelle
4. joue / clarinette
5. jouons / trompette

Activité 2 *p. 95*
1. d   2. c   3. e   4. b   5. a

Activité 3 *p. 95*
1. tambour
2. enregistre
3. contes de fées
4. mélange
5. raconter

Activité 4 *(Sample answers)* *p. 96*
1. À l'origine, le rara est un carnaval **de printemps**.
2. Le groupe Alpha Blondy chante en **dioulé**, en arabe, en français et en anglais.
3. Céline Dion vient **du Canada**.
4. Le mbalax est une musique où le chanteur dialogue avec le joueur de **tambour**.
5. Le zouk a ses racines **en Afrique**.
6. L'album *Dans ma chair* est un succès de **Patricia Kaas**.

Lecture 13

Avant de Lire
À vous *p. 98*
1. Answers will vary.   2. a   3. c

Après la Lecture
Avez-vous compris? *p. 102*
1. a   2. c   3. b   4. b

Activité 1 *(Sample answers)* *p. 104*
1. un cow-boy
2. le chapeau de cow-boy
3. le blue-jeans
4. la corde
5. les éperons

Activité 2 *p. 104*

Buffalo Bill, Roi des hommes de la **FRONTIERE**.

Activité 3 *p. 105*
1. concert
2. orchestre
3. salle
4. spectateurs
5. en choeur
6. applaudi
7. une place

Activité 4 *p. 105*
1. le fil de fer barbelé
2. rentrer chez vous
3. la corde
4. parquer la voiture

Lecture 14

Avant de Lire
À vous *p. 108*
1. b   2. a   3. c

Après la Lecture
Avez-vous compris? *p. 111*
1. c   2. b   3. a   4. a

Activité 1 *p. 113*
1. carie/plombage
2. ordonnance
3. aspirine
4. radiologue/radio
5. compresse
6. pastilles (pour la gorge)

Activité 2 *p. 113*

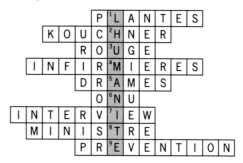

Les Médecins sans Frontières travaillent pour **L'HUMANITE!**

Activité 3 *p. 114*
Answers will vary.

Activité 4 *p. 114*
Answers will vary

LECTURE 15

AVANT DE LIRE
À vous *p. 118*
Answers will vary.

APRÈS LA LECTURE
Avez-vous compris? *p. 124*

1. b	3. b	5. c	7. b
2. b	4. c	6. a	8. b

Activité 1 *p. 126*
1. la cane/le caneton
2. la jument/le poulain
3. la vache/le veau
4. la chienne/le chiot

Activité 2 *p. 126*

1. g	3. b	5. d	7. c
2. f	4. a	6. e	

Activité 3 *p. 126*
1. ondulent
2. tisse
3. grimpent
4. crie
5. planent
6. rugit

Activité 4 *p. 127*
Answers will vary.

LECTURE 16

AVANT DE LIRE
À vous *p. 128*
Answers will vary.

APRÈS LA LECTURE
Avez-vous compris? *p. 134*

1. a	3. a	5. a	7. b
2. a	4. c	6. a	8. a

Activité 1 *p. 136*

1. D	2. E	3. B	4. C	5. A

Activité 2 *p. 136*
1. secret
2. fils
3. Thuc
4. génie
5. manteau
6. roi
7. messager
8. traité de paix
9. guerre
10. vainqueur
Do Nam décide d'appeler sa ville «**La Cité de la Tortue**,» en l'honneur du messager d'or.

Activité 3 *p. 137*
Answers will vary.

VOCABULAIRE FRANÇAIS-ANGLAIS

This **Vocabulaire** includes all the words and expressions in **IMAGES 2**. (Exact cognates, conjugated verb forms, and proper nouns are generally omitted.) The gender of nouns is indicated by either the definite article (**le** or **la**) or the indefinite article (**un** or **une**). When the article is **l'**, **les** or **des**, the gender is indicated by (*m.*) for masculine nouns and (*f.*) for feminine nouns. When a noun designates a person, the masculine and feminine forms (if applicable) are listed together. Adjectives with irregular changes are listed in both the masculine and the feminine forms. Verbs are listed in the infinitive form except for some past participles and irregular verb forms.

abaissé(e) lowered
abandonner to abandon
accepter (de) to accept
accorder to tune (an instrument); to grant (a wish)
accrocher to hang
acheter to buy
les **acrobaties** (*f.*) **équestres** horse tricks
adorer to adore
afficher to hang
agir to take action
un **aigle** eagle
une **aile** wing
d' **ailleurs** besides
aimer to love
ainsi que as well as
l' **aisance** (*f.*) ease
les **aliments** (*m.*) food
allumer to turn on; to switch on
l' **alto** (*m.*) viola
améliorer to improve
aménager to develop; to plan
amoureux (amoureuse) de in love with
ancien(ne) former
un **animal (des animaux)** animal
un **animateur, une animatrice** camp counselor

un **anneau (des anneaux)** ring
l' **année dernière** last year
l' **année prochaine** next year
une **annonce** ad
l' **annuaire** (*m.*) phone book
apparenté(e) (à) related to
une **apparition** appearance
applaudir to applaud; to clap
après-demain day after tomorrow
une **aquarelle** watercolor
une **araignée** spider
un **arc-en-ciel** rainbow
l' **argent** (*m.*) silver; money
en **argent** made of silver
l' **arrière-plan** (*m.*) background
un(e) **artiste** artist
l' **aspirine** (*f.*) aspirin
assister (à) to go to
un **atelier** workshop
un(e) **athlète** athlete
attirer to attract
attraper to catch
l' **aube** (*f.*) dawn
une **auberge** inn
une **auberge de jeunesse** youth hostel
aujourd'hui today
une **auscultation** listening to organs (lungs, heart, etc.)
l' **autoroute** (*f.*) highway
une **autruche** ostrich

avant-hier day before yesterday
l' **avenir** (*m.*) future
l' **aventure** (*f.*) adventure
un **avion** plane
avoir to have
en avoir assez to have enough (of something)
avoir une fièvre de cheval to have a very strong fever
avoir lieu to take place
avoir mal (à) to hurt; to have a pain
avoir mal aux dents to have a toothache
en avoir marre to be fed up
avoir peur to be afraid
avoir raison to be right
en avoir ras le bol to be fed up
avoir tort to be wrong

les **bagages** (*m.*) luggage
baissé(e) lowered
un **baladeur** walkman
balancer to tilt

une **baleine** whale

banaliser to make commonplace

un **bandana** bandana

une **bande** bandage

une **barbe** beard

une **barrière** fence

bas(se) low

la **bataille** battle

un **bateau** boat

un **bâtiment** building

bâtir to build

battre to pound; to beat; to flap

battre le record du monde to beat the world record

se battre to fight

le **bayou** bayou

les **beaux-arts** (m.) fine arts

la **Belle et la Bête** Beauty and the Beast

la **Belle au Bois dormant** Sleeping Beauty

le **bénévolat** volunteer work

un(e) **bénévole** volunteer

le **bétail** livestock

des **bêtises** (f.) stupidity, foolishness

le **béton** concrete

un **billet** ticket

un billet d'aller et retour roundtrip ticket

un billet d'aller simple one-way ticket

la **bise** kiss on the cheek

une **blague** joke

le **blé** wheat

une **blessure** wound

le **blue-jeans** jeans

en **boîte** canned

bondir to leap

le **bonheur** happiness

les **bottes** (f.) boots

bouger to move

une **bougie** candle

des **bovins** (m.) cattle

brancher to plug in

brancher quelqu'un (sur quelque chose) to start somebody (on to something)

braver to defy

brillant(e) bright

briller to shine

en **bronze** made of bronze

se **brosser les dents** to brush one's teeth

brûler to burn

une **bûche** log

un **burin** chisel

le **but** goal

C

le **cabinet médical** doctor's office

cacher to hide

le **cadran** dial

un **caillou (des cailloux)** pebble

le **calcium** calcium

le **caméscope** camcorder

le **camping** camping

une **canalisation** pipe

un **canard** duck

un **canari** canary

une **cane** female duck

un **caneton** duckling

une **carapace** shell

une **carie** cavity

un **carré** square

une **carte** map

casser to break

cassé(e) broken

célébrer to celebrate

Cendrillon Cinderella

une **centrale nucléaire** power plant

des **céréales** (f.) cereals; grains

un **cerf** stag

chacun(e) each one

le **champ** field

le **champion (la championne)**

du monde world champion

le **championnat** championship

le **chant** singing

chanter to sing

chanter en choeur to sing along

le **chantier** worksite

un **chapeau de cow-boy** cowboy hat

la **chasse** hunting

chasser to hunt

un **chat** cat

un **chaton** kitten

une **chatte** female cat

un **chef-d'oeuvre** masterpiece

un **chemin de fer** railroad

une **chemise en flanelle** flannel shirt

chercher to look for

un **cheval (des chevaux)** horse

un cheval sauvage wild horse

un **chevalet** easel

une **chèvre** goat

chez at the house of; at the office of

chez le dentiste at the dentist's

chez le médecin at the doctor's

chez le pharmacien at the pharmacist's

un **chien** dog

un chien de garde watchdog

une **chienne** female dog

un **chiot** puppy

un(e) **chirurgien(ne)** surgeon

le **chronomètre** chronometer

un(e) **citoyen(ne)** citizen

la **clarinette** clarinet

le **clavier** keyboard

un **cobaye** guinea pig

un **cochon** pig

le **coffre** (treasure) chest

un(e) **collégien(ne)** junior high school student

la	**colonie de vacances** vacation camp
	commander to lead; to order
la	**compétition** competition
	la compétition sportive sports competiton
la	**composition** essay
une	**compresse** compress
un	**concert** concert
	un concert en plein air outdoor concert
un	**concours** contest
	conduire to drive
	conquérir to conquer
la	**console de jeux vidéo** video game system
	construire to build
un	**conte** story; tale
	un conte de fées fairy tale
	les Contes de ma mère l'Oye Mother Goose Tales
la	**contrebasse** double-bass
un	**coq** rooster
le	**cor d'harmonie** French horn
la	**corde** rope
la	**couche** layer
se	**coucher** to go to bed
le	**coude** elbow
	couler to flow
un	**coup de pinceau** brush-stroke
une	**coupe** trophy
	couper to cut
le	**couple** couple
le	**coureur, la coureuse** runner
	courir to run
	courir sa chance to try one's luck
	courir un danger to be in danger
	courir à toutes jambes to run away very fast
une	**couronne** crown
le	**courrier** mail
une	**course** race
	une course à pied foot-race
	couvert(e) covered
un	**cow-boy** cowboy

	craindre to fear
un	**crapaud** toad
	crier to scream
	crochu(e) hooked
	croire to believe
le	**cuir** leather
	cuire to cook; to bake
	cultiver to cultivate
un	**cygne** swan
les	**cymbales** (f.) cymbals

un	**daim** (fallow) deer
	décédé(e) deceased
la	**décharge** dump
les	**déchets** (m.) scrap; waste
	découvrir to discover
la	**défaite** defeat
	défiler to march; to file off
les	**dégâts** (m.) damages
	dégoûtant(e) disgusting
	délicieux (délicieuse) delicious
	demain tomorrow
	dépassé(e) overwhelmed
	déposer to set; to put
	déranger to bother
	dès from; since
la	**description** description
le	**désinfectant** disinfectant
	désobéir (à) to disobey
le	**dessin** drawing
la	**destruction** destruction
un	**détenteur, une détentrice** holder (of a record)
	déterrer to unearth
le	**détritus** rubbish; debris
	détruire to destroy
	devenir to become
	deviner to guess
la	**devise** motto
	devoir to have to; must
le	**diagnostic** diagnosis
une	**diligence** stagecoach

la	**disquette** diskette
des	**données** (f.) data
	donner to give
	dont of whom; of which
	doré(e) golden
le	**dos** back
la	**douleur** pain
	douter to doubt
un	**drapeau** flag
la	**drogue** drug

un	**éclaireur** scout
un	**écran** screen
l'	**effet** (m.) **de serre** greenhouse effect
les	**effets spéciaux** special effects
	élever to raise
	embêtant(e) bothersome
un	**embouteillage** traffic jam
	s'embrasser to kiss
	emmener to take away
	émouvant(e) moving
l'	**emplacement** (m.) place; location
	encourager to encourage
un	**endroit** place
s'	**enfuir** to flee; to run away
s'	**ennuyer** to become bored
	ennuyeux (ennuyeuse) boring
	enregistrer to record
	enterrer to bury
l'	**entracte** (m.) intermission
	entraînement training
un	**entraîneur, une entraîneuse** trainer
l'	**environnement** (m.) environment
les	**environs** (m.) surroundings
les	**éperons** (m.) spurs
	éplucher to peel
	épouser to marry
un	**époux, une épouse** spouse
	épuisé(e) exhausted

une **équipe** team
l' **équipement** *(m.)* equipment
un **escalier roulant** escalator
escorter to escort; to lead
l' **espace** *(m.)* **vert** green area
une **espèce** species
l' **espoir** *(m.)* hope
une **esquisse** sketch
un **essai** try-out
les **étapes** *(f.)* steps
éteindre to turn off;
to switch off
être to be
**être amoureux (amoureuse)
de** to be in love with
être blessé(e) to be wounded
être branché(e) to be trendy,
to be in fashion
être branché(e) sur to be
interested in
être un vrai cheval to be
in very good health
étroit(e) narrow
exagéré(e) exaggerated
exagérer to exaggerate
un **examen médical** medical
examination
examiner to examine
excellent(e) excellent
s' **exercer** to practice
un **exploit** exploit
explorer to explore

un **facteur, une factrice** mail
carrier
fade bland
faible weak
faire to do; to make
faire du camping to camp
faire confiance (à) to trust
faire correspondre to match
faire de la natation to swim

faire de la peine to hurt
faire de la planche à voile
to windsurf
faire un plombage to fill
a tooth
faire la queue to wait in line
faire une randonnée to go
on a hike
faire du ski nautique
to waterski
faire du sport to play sports
faire un stage to take
a training course
faire les valises to pack
faire du vélo to bikeride
une **famille d'accueil** host family
une **farce** practical joke
la **femme** wife; woman
le **fer** iron
une **ferme** farm
la **fête du travail** labor day
les **feux** *(m.)* **d'artifice** fireworks
les **fiançailles** *(f.)* engagement
un(e) **fiancé(e)** fiancé
se **fiancer** to get engaged
la **fibre** fiber
figé(e) frozen
le **fil de fer barbelé** barbed wire
un **filet** net
fin(e) thin
la **finale** final
une **flèche** arrow
un **fleuve** river
la **flûte** flute
la **forme** shape
la **foudre** lightning
le **four à micro-ondes**
microwave oven
la **frange** fringe
frapper to beat; to knock
le **fromage** cheese
frotter to rub
un **fruit** fruit
le **futur** future

un(e) **gagnant(e)** winner
gagner to win
galoper to gallop
les **gants** *(m.)* gloves
les gants de cuir leather
gloves
généreux (généreuse)
generous
les **gens** *(m.)* people
un **geste** gesture
glisser to slide
la **gorge** throat
goûter to taste
les **gradins** *(m.)* bleachers
grand(e) tall; big
une **gravure** engraving
la **grenouille** frog
la grenouille taureau
bull frog
une **griffe** claw
une **grille** grid
grimper to climb
la **grippe** flu
gros(se) big; fat
une **grotte** cave
guérir to cure
la **guérison** recovery
la **guerre** war
la **gueule** mouth (of an animal)
le **guichet** ticket booth
guider to guide

l' **habileté** *(f.)* skill; ability
les **habits** *(m.)* clothing
un **hamster** hamster
hanté(e) haunted
hanter to haunt
des **haricots** *(m.)* beans
haut high

haut niveau high level
le hautbois oboe
la hauteur height
un haut-parleur speaker
un hibou owl
hier yesterday
honnête honest
un hôpital hospital
un hôtel hotel
huer to boo
des huiles *(f.)* oils
des huîtres *(f.)* oysters

Il est aussi question de...
It is also about...
Il était une fois... Once upon a time there was...
une imprimante printer
inestimable invaluable; priceless
un infirmier, une infirmière nurse
s' inquiéter to worry
un instrument instrument
les instruments *(m.)* **à cordes**
stringed instruments
les instruments *(m.)* **à percussion** percussion instruments
les instruments *(m.)* **à vent**
wind instruments
interdit(e) forbidden; prohibited
intervenir to intervene

jeter to throw (away)
la Joconde Mona Lisa
jouer to play
jouer d'un instrument
to play an instrument
jouer faux to play out of tune
jouer juste to play in tune

le jour de l'action de grâce
Thanksgiving
la jument mare
jusqu'en up to

L

la laine wool
le lait milk
un lampion lantern
une langue vivante modern language
un lapin rabbit
large large; wide
le lecteur de CD-ROM
CD-ROM drive
le lecteur de disques compacts (de CDs) CD player
léger (légère) light
le légume vegetable
un lémurien lemur
se lever to get up
un lion lion
un lionceau lion cub
une lionne female lion
un livre de recettes recipe book
une livre a pound
le logiciel software
la longueur length
un lotus Chinese flower
un loup wolf
une loupe magnifying glass
lourd(e) heavy
la lumière light
un(e) lycéen(ne) high school student

M

le magnétoscope VCR
un maillot jersey
maintenant now
un mal de dent toothache
malgré in spite of

malhonnête dishonest
une malle trunk
une manette de jeux joystick
le marais marsh; swamp
marcher to walk, to step on; to function, to run, to be turned on (a machine)
marécageux (marécageuse) marshy
le mari husband
le mariage wedding
le marié groom
la mariée bride
se marier to get married
la marine navy
des matières *(f.)* **grasses** fats
le matin morning
ce matin this morning
une médaille medal
la médaille d'argent
silver medal
la médaille de bronze
bronze medal
la médaille d'or gold medal
le médicament medicine
se méfier (de) to distrust
un mélange mixture
mélanger to mix
les mélasses *(f.)* molasses
même same
mener to lead
un mensonge lie
un menteur, une menteuse liar
mentir to lie
mériter to deserve
mesurer to measure
le métal (les métaux) metal
le micro-ordinateur personal computer
un microprocesseur microchip
militer to be active
un millénaire millenium
millénaire one thousand years old
un minéral (des minéraux) mineral
un ministre minister

un **modèle** model

modeler to shape

un **mois** month

le mois dernier last month

le mois prochain next month

Mon Dieu! My goodness!

mondial(e) world-wide

monter (sur le podium)
to climb up (on the podium)

mordre to bite

un **motel** motel

un **mouton** sheep

mouvementé(e) eventful

un **muguet** lily of the valley

le **mur** wall

un **musicien, une musicienne**
musician

la **musique** music

musulman(e) Muslim

la **naissance** birth

la **natation** swimming

une **nature morte** still-life

le **navet** turnip

nettoyer to clean

des **noix** *(f.)* walnuts

nourrir to feed

la **nourriture** food

les **nouvelles** *(f.)* news

nu(e) bare

numéroté(e) numbered

obéir (à) to obey

un **oeil (des yeux)** eye

un **oeuf** egg

Oh là là! Wow!; Oh dear!

une **ombre** shadow

onduler to move in waves;
to undulate

une **opération** operation

opérer to operate

un **orchestre** orchestra; band

un **ordinateur** computer

une **ordonnance** prescription

un **ours** bear

un **ouvreur, une ouvreuse** usher

un **ouvrier, une ouvrière** worker

ovale oval

pacifique non-violent; calm

le **pain** bread

la **paix** peace

un **palais** palace

un **pansement** (medical) dressing

le **Pape** the Pope

le **paresseux** sloth

paresseux (paresseuse) lazy

parfois sometimes

parquer to pen in

participer (à) to participate (in)

partir to leave

un **pas** step

le **passé** past

un **passeport** passport

passer to pass, come, go by;
to go by/through (a place);
to spend (time); to take (a test)

passer à la douane to pass
through customs

passer une radio to have
an X-ray

une **pastille pour la gorge**
throat lozenge

le **pâté de foie gras** goose
liver pâté

des **pâtes** *(f.)* pasta

un **paysage** landscape

peindre to paint

un **peintre** painter

la **peinture** painting

la peinture à l'huile
oil painting

pendant during

un(e) **perdant(e)** loser

perdre to lose

une **performance** performance

une **période de jeûne** fasting
period

ne... **personne** nobody

les **personnes malentendantes**
hearing-impaired individuals

peser to weigh

petit(e) short; small

un **petit ami** boyfriend

une **petite amie** girlfriend

le **Petit Chaperon Rouge**
Little Red Riding Hood

un **piéton** pedestrian

une **pile** battery

un **pilon** pestle

la **piste** track

une piste cyclable
bicycle lane

planer to glide

le **plastique** plastic

un **plombage** filling

un **plongeur** diver

le **podium** podium

une **poêle** frying pan

pointu(e) pointed

un **poisson rouge** goldfish

poivrer to pepper; to put
pepper on

polluer to pollute

la **pollution** pollution

la **pommade** ointment

populariser to popularize

le **portable** portable PC

le **porte-bonheur** good-luck
charm

un **porteur** porter; bellboy

un **portrait** portrait

poser to sit; to model

la **poubelle** trash can

le **poulain** colt; foal

la **poule** hen

le **poulet** chicken

la **poursuite** chase

le **poussin** chick

le	**pouvoir** power	un	**radio-réveil** radio alarm clock	une	**roulette** drill
la	**prairie** prairie		**ramasser** to pick up	un	**royaume** kingdom
	pratiquer (un sport) to practice (a sport)		**ramener** to bring back
	préchauffer to preheat		**ramper** to crawl
le	**premier plan** foreground	le	**ranch** ranch

le **pouvoir** power
la **prairie** prairie
pratiquer (un sport) to practice (a sport)
préchauffer to preheat
le **premier plan** foreground
prendre to take
   prendre l'avion to take a plane
   prendre un remède de cheval to take very strong medicine
le **présent** present (time)
presque nearly
les **preuves** (f.) proof
un **produit** product
   les produits artisanaux crafts
   les produits (m.) **laitiers** dairy products
profond(e) deep
le **projecteur** spotlight
promouvoir to promote
protéger to protect
la **protéine** protein
une **puce** flea
puisque since
puissant(e) powerful

se **qualifier** to qualify
ne... **que** only
   Quelle histoire! You're kidding!
le **quotidien** daily life

la **racine** root
raconter to tell (a story)
la **radiographie** X-ray
un(e) **radiologue** radiologist

un **radio-réveil** radio alarm clock
ramasser to pick up
ramener to bring back
ramper to crawl
le **ranch** ranch
un **rapace** bird of prey
se **raser** to shave
un **récit** tale
une **récompense** reward
reconstruire to rebuild; to reconstruct
recréer to recreate
rectangulaire rectangular
recycler to recycle
une **rédaction** composition
réduire to reduce
refuser to refuse
la **reine** queen
relever to pick out; to note
relier to connect
les **remparts** (m.) ramparts; walls
remporter la victoire to win
remuer to stir
se **rencontrer** to meet
rendre visite (à quelqu'un) to visit (someone)
la **rentrée** back to school
le **répondeur** answering machine
reproduire to reproduce
le **requin** shark
   le grand requin blanc great white shark
un **réseau** network
réserver to book; to reserve
restaurer to restore; to repair
rester to stay
résumer to summarize
rêver to dream
rire to laugh
le **riz** rice
Robin des Bois Robin Hood
le **robinet** faucet
le **roi** king
   les trois Rois Mages the Three Wise Men
rond(e) round
un **rouage** gear

une **roulette** drill
un **royaume** kingdom

le **sable** sand
un **sac** bag
   un sac de voyage travelling bag
saler to salt; to put salt on
une **salle** room
   la salle de concert concert hall
la **santé** health
un **sapin de Noël** Christmas tree
la **sauvegarde** safeguard
sculpter to sculpt
la **sculpture** sculpture
un **séjour** stay
une **semaine** week
   la semaine dernière last week
   la semaine prochaine next week
le **serpent** snake
servir to serve
un **short** shorts
siffler to hiss; to whistle
signifier to mean; to signify
silencieux (silencieuse) silent
un **singe** monkey
   un singe hurleur howling monkey
le **sirop contre la toux** cough syrup
soigner to take care of; to care for; to treat (a disease)
les **soins** (m.) care
   les soins (m.) **dentaires** dental care
un **soja** soybean
solide solid
sortir to go out
soudain suddenly
souffrir to suffer

une **souris** mouse

souterrain(e) underground

le **sparadrap** band-aid

un **spectacle** show (entertainment)

les **spectateurs** *(m.)* audience; spectators

le **stade** stadium

un **stylet** stylus

su knew; known (past participle of **savoir**)

des **sucreries** *(f. pl.)* sweets

suivre to follow

les **sujets** *(m.)* subjects (of a king)

un **supporter** fan

surmonter to overcome

surnommer to nickname

la **survie** survival

un **tableau** painting

la **taille** size

le **tambour** drum

un **taureau** bull

une **teinte** hue; tint

la **télécommande** remote control

le **téléphone** telephone

le téléphone cellulaire cellular phone

le téléphone sans fil cordless phone

une **tempête** storm

le **temps** time; weather

la **terre** soil; earth

têtu(e) stubborn; headstrong

le **tir** shooting

tisser to weave

le **tofu** tofu

une **toile** canvas

tomber to fall

tomber amoureux (amoureuse) de to fall in love with

la **tonne** ton

le **tonnerre** thunder

une **tortue** turtle

une tortue-luth leatherback turtle

le **tour** turn

la **Toussaint** All Saints' Day

trahir to betray

le **train** train

un **trait de pinceau** brush-stroke

le **traitement des déchets** waste processing

le **traitement de texte** word processing

les **transports** *(m.)* **en commun** public transportation

traverser to cross

un **tremblement de terre** earthquake

un **trésor** treasure

le **trombone** trombone

la **trompette** trumpet

un **trou** hole

un **troupeau** a herd

une **trousse de secours** first-aid kit

trouver to find

se trouver to be located

un **tube (de peinture)** tube (of paint)

uniquement only

une **usine** factory

les **vacances** *(f.)* vacation

une **vache** cow

le **vainqueur** victor

la **valeur** worth

la **valise** suitcase

un **vautour** vulture

un **veau** calf

vécu(e) lived (past participle of **vivre**)

en **vedette** very popular

la **veille** the night before; eve

venimeux (venimeuse) venomous

venir to come

la **vente** sale

un **ver** worm

la **vérité** truth

la **viande** meat

vif (vive) alive, living

le **violon** violin

le **violoncelle** cello

visiter to visit (a place, building)

la **vitesse** speed

un **voeu (des voeux)** wish

la **volaille** poultry

voler to steal; to fly

vouloir dire to mean; to signify

voyager to travel

le **yaourt** yogurt

les **yeux (un oeil)** eyes (eye)

le **zinc** zinc

la **zone piétonnière** pedestrian zone

CREDITS

PHOTOGRAPHY CREDITS

i Henebry Photography; **iii-1** Henebry Photography; **2** *(t)* School Division, Houghton Mifflin Company; *(b)* Owen Franken; **3-4** Tom Craig; **5** *(t)* Patrick Pipard; *(cr)* Michal Heron; *(b)* PhotoDisc, Inc.; **6** *(cr)* Tom Craig; *(b)* Patrick Pipard; **7** *(l)* Patrick Pipard; *(r)* Yves Levy; **9** Superstock; **10** Art Wolfe/Tony Stone Images, Inc.; **11** Mark Newman/Phototake; **12** Art Wolfe/Tony Stone Images, Inc.; **17** Tom Craig; **18** PhotoDisc, Inc.; **25** Yves Levy; **27-30** Ken O'Donoghue; **34** Courtesy of Regie Departementale du tourisme de la Dordogne; **36-37** Courtesy of Regie Departementale du tourisme de la Dordogne; **41** Tufan/Sipa Press; **42-44** *(background)* NASA; **43** *(cl)* Bob Daemmrich/Stock Boston; **45** *(b)* North Wind Picture Archives; **47** *(l)* Patrick Pipard; *(c)* PhotoDisc, Inc.; *(r)* School Division, Houghton Mifflin Company; **49** Tom Craig; **51-53** *(background)* W. Luthy/Leo de Wys; **51** Anja Niedringhaus/Agence France Presse/Corbis-Bettmann; **52** Eric Feferberg/Agence France Presse/Corbis-Bettmann; **53** W. Luthy/Leo de Wys; **55** *(l)* Eric Feferberg/Agence France Presse/Corbis-Bettmann; *(r)* Anja Niedringhaus/Agence France Presse/Corbis-Bettmann; **58** Martin Rogers/Woodfin Camp and Associates; **59** *(cr)* E. Webber/Visuals Unlimited; *(b)* North Wind Picture Archives; **60** *(t)* Ken O'Donoghue; *(c)* Henebry Photography; *(b)* Owen Franken; **61** Ken O'Donoghue; **64** Skye Chalmers/The Stock Market; **65** Les Mangeurs de pommes de terre by Jean François Millet/Gift of Quincy Adams Shaw through Quincy A. Shaw, Jr. and Mrs. Marian Shaw Haughton/Courtesy, Museum of Fine Arts, Boston; **66-67** Tom Craig; **68** *(t)* Yves Levy; *(b)* Tom Craig; **72** *(l)* Tom Craig; *(r)* Yves Levy; **73** Don and Liysa King/The Image Bank; **74** PhotoDisc, Inc; **75** *(tr)* Henebry Photography; *(c)* Mona Lisa by Leonardo da Vinci/Musee du Louvre/Superstock; *(bl)* Jane Evelyn Atwood/Contact Press Images; *(br)* PhotoDisc, Inc.; **76** *(t, br)* Owen Franken; *(bl)* PhotoDisc, Inc.; **77** *(tl)* Tache rouge by Wassily Kandinsky/Musee d'Art Moderne, Centre Pompidou/Erich Lessing from Art Resource; *(tc)* PhotoDisc, Inc.; *(r)* Fin d'Arabesque by Edgar Degas/ Musee d'Orsay/Lauros-Giraudon, Paris/Superstock; **79** *(l)* Telephoto/Superstock; *(c)* Owen Franken; *(r)* Henebry Photography; **81** Mona Lisa by Leonardo da Vinci/Musee du Louvre/Superstock; **82** *(t)* Corbis-Bettmann; **83** *(br)* North Wind Picture Archives; **84-85** *(b)* Corbis-Bettmann; **89** *(c)* Corbis-Bettmann; **90** Joe Viesti/Viesti Associates, Inc.; **91** *(t)* Peter Langone/International Stock Photography; *(all others)* James Marshall; **92** *(b)* Peter Langone/International Stock Photography; *(all others)* James Marshall; **93** James Marshall; **96** *(l)* Michal Heron; *(r)* Yves Levy; **97** M. & E. Bernheim/Woodfin Camp and Associates; **98** North Wind Picture Archives; **99** *(l)* Michal Heron; *(b)* PhotoDisc, Inc.; **100** Paul Souders/Tony Stone Images; **101** *(c)* North Wind Picture Archives; *(tr)* The Granger Collection; **102** *(l)* Bill Gillette/Liaison International; *(r)* Buddy Mays/International Stock Photo; **104** Chris Marona/Photo Researchers, Inc.; **107** Bernard Boutrit/Woodfin Camp and Associates; **108-109** Job Roger/Liaison International; **110** Nicolas/Sipa Press; **111** Tom Craig; **115** Courtesy of Jeunesse Canada Monde; **116-117** School Division, Houghton Mifflin Company; **125** *(cr)* Tim Davis/Tony Stone Images; *(b)* B. Donaldson/Visuals Unlimited; **135** Owen Franken; **137** School Division, Houghton Mifflin Company

ILLUSTRATION CREDITS

Jean-Louis Besson **19-21, 23-24**
Hannah Bonner **82-85, 87**
Susan Dahl **119-123**
Véronique Deiss **13**

Michel Garneau **16, 112, 114, 126**
Jean and Mou-sien Tseng **128-133**